L'édito miaou

Le printemps a commencé à montrer le bout de sa truffe, pour le plus grand plaisir de nos minets… et le nôtre !

Si les beaux jours incitent certains à se lancer le défi du traditionnel régime « maillot de bain » **miaou** a choisi de se pencher sur le poids de nos matous côté santé. Pas question, bien sûr, de céder aux injonctions de la mode pour nos chats, mais pour sa santé, une minette doit garder la ligne !

Le bien-être félin est toujours au rendez-vous, avec nos deux grands entretiens. **miaou** a rencontré Jenny, une enquêtrice bénévole de la Fondation Brigitte-Bardot, qui nous révèle les joies et les peines de cette fonction et l'équipe de tournage de *Rroû* (titre provisoire), un film dont le personnage principal est un chat ! Réalisateur, imprégnatrice et actrice s'accordent à dire que c'est bien le matou le patron sur le tournage !

Vous retrouverez également les rubriques qui font l'ADN de **miaou**, « Quelles races ! », « Chats du monde », « Artychat », et bien d'autres !

Fidèle à ses habitudes, **miaou** vous offre une jolie boîte à fabriquer, pour y garder précieusement l'herbe à chat de votre matou… ou vos petits trésors !

miaou, vive les beaux jours !

L'équipe de miaou

Sommaire

N°19 mai-juin 2022

Adoptez miaou !

Découvrez nos **offres d'abonnement** en **pages 54** et **141.**

Pour **acheter un précédent numéro,** vous **abonner** ou **découvrir des éditions collector,** rendez-vous sur **www.prismashop.fr.**

Rejoignez notre communauté et retrouvez-nous sur miaou**larevue et sur**

Les cadeaux miaou

- **Une jolie boite à trésor** à fabriquer pour soi ou pour son chat (page 49)
- **4 fiches « Bien dans ma peau, bien dans mes poils »** à collectionner (page 99)

Le miaou n° 19 est également en vente chez les marchands de presse avec *Chats-mots fléchés* pour un prix total de 11,98€, soit la revue 9,99€ + le cahier 1,99€.

Offre valable en France métropolitaine, dans la limite des stocks disponibles.

Actus en chiffres

TOP 3

des noms préférés en 2021

Femelles

1. Saphir
2. Stella
3. Sakura

Mâles

1. Simba
2. Socrate
3. Snow

En 2021, le LOOF a enregistré la naissance de **67 152 chatons de race** (57 632 en 2020)

Alors que seulement 22 % de Français considèrent que leur chat est trop gros, les vétérinaires constatent qu'environ **60 % des chats sont en surpoids, voire obèses***

91% des chats estimés en surpoids sont stérilisés*

* Source : Étude IPSOS/Royal Canin août 2021.

=^.^=

2022 est l'année des
« T »
pour les noms
des chats de race.

55 %

d'Américains sont disposés à dépenser sans compter pour leur animal de compagnie

TOP 3

des races préférées des Français en 2021, inchangé par rapport à 2020

- 1 -
Maine coon

- 2 -
Sacré de Birmanie

- 3 -
Bengal

Dans les fourrières de la SPA, **40%** des chats sont euthanasiés sans raison médicale, mais à cause de la surpopulation.

La SPA déclare avoir réceptionné **40 %** de chats de plus au premier semestre 2021 par rapport à la même période en 2020.

Petites histoires, informations et actualités sur nos félins préférés.

Miaou, c'est la police !

Après avoir vécu une intervention particulièrement sordide concernant un chat, les policiers du commissariat de Montbéliard ont décidé d'accueillir un matou ! Sirène, adoptée à la SPA, a pris ses quartiers dans les bureaux de la police technique et scientifique. En effet, ce service est d'astreinte 24 h/24 : Sirène a donc toujours de la compagnie ! Une chatière lui permet toutefois de rendre visite aux autres services quand l'envie lui en prend. Sirène apporte du réconfort aux policiers comme aux victimes venues porter plainte.

Pucés et stérilisés

Afin de protéger la faune sauvage, l'Association des îles du Ponant a lancé une campagne d'aide à l'identification et à la stérilisation des chats sur les îles de Molène, de Sein et d'Ouessant. Une aide de 30 euros pour une identification et 50 euros pour une stérilisation est versée aux propriétaires volontaires. Les chats errants non identifiés seront ensuite susceptibles d'être capturés et évacués vers les refuges du continent, car les félins représentent un danger pour les oiseaux marins de petite taille.

Un chat à la Maison-Blanche

Willow, une chatte de gouttière tigrée, est la nouvelle occupante de la Maison-Blanche. La féline avait conquis le cœur de Jill Biden en se baladant sur son estrade lors d'un meeting pendant la campagne présidentielle. Willow doit son nom à la ville natale de la First Lady, Willow Grove. La chatte « prend ses marques à la Maison-Blanche avec ses jouets favoris, des friandises, et un grand espace à renifler et à explorer », a indiqué le porte-parole de Jill Biden. En revanche, l'histoire ne dit pas comment Willow a été accueillie par Commander, le Berger allemand de Joe Biden...

Un traitement révolutionnaire au marché noir

La péritonite infectieuse féline (PIF), provoquée par un coronavirus, est une maladie mortelle pour les chats, jusqu'alors sans traitement ni vaccin. Des chercheurs américains ont découvert récemment un traitement très efficace, mais le laboratoire Gilead a interrompu les recherches lorsque le Covid-19 est apparu, pour mettre toute son énergie dans la création d'un traitement. Après cet arrêt des travaux vétérinaires de Gilead, des laboratoires chinois ont commencé à synthétiser la molécule sans l'accord du laboratoire américain. Un gigantesque marché noir américain et européen s'est alors mis en place, relayé par des groupes Facebook. Il est possible d'acheter des flacons de produit pour un prix de 18 euros à 130 euros. Le budget moyen d'un traitement pour un chat est d'environ 1 000 euros. De plus, certains produits ne sont absolument pas sûrs et certains chats sont morts empoisonnés par le « médicament ». Toutefois, le laboratoire chinois Mutian a commencé à commercialiser un traitement dans plusieurs pays d'Asie. Selon une étude publiée dans *Veterinary Science* le 13 décembre 2021, les comprimés produits par Mutian ont permis de guérir 116 chats sur les 141 traités. Un résultat qui permet d'espérer une commercialisation plus rapide dans le reste du monde.

En Ukraine, les animaux aussi ont besoin d'aide

À la catastrophe humanitaire ukrainienne s'ajoute la question de l'aide aux animaux de compagnie. Ce sujet est loin d'être futile en temps de guerre, car au déchirement de l'exil ne doit pas s'ajouter la souffrance de la perte de son compagnon pour les millions de réfugiés. Nombreux sont les Ukrainiens qui ont fui le pays avec leur chien ou leur chat. Heureusement, les pays d'accueil ont presque tous assoupli les règles liées à l'entrée sur leur sol d'animaux étrangers (papiers, identification, vaccin…). Mais, sur place, nombre de vétérinaires et de responsables de refuges ont refusé de quitter les animaux dont ils avaient la charge. De nombreuses associations, PETA (Pour une éthique dans le traitement des animaux) en tête, ont envoyé de la nourriture et des accessoires. L'association AVA (Agir pour la vie animale), la Fondation Brigitte-Bardot, la Fondation 30 millions d'amis, la SPA… ont envoyé des aides et de nombreuses cagnottes en ligne ont été créées, ainsi qu'une collecte organisée par le député Loïc Dombreval.

Rencontre

Jenny, enquêtrice à la Fondation Brigitte-Bardot

« Les animaux ont grandement besoin de nous »

Jenny est enquêtrice bénévole depuis plus de trois ans pour la Fondation Brigitte-Bardot. Elle dévoile à miaou les difficultés (mais aussi les joies) de cette activité au service des animaux. Une mission éprouvante, mais essentielle.

miaou : Bonjour Jenny ! Comment devient-on enquêtrice à la Fondation Brigitte-Bardot ?

Jenny : Vous avez raison de préciser « à la Fondation Brigitte-Bardot », car on ne devient pas enquêteur ou enquêtrice de la même façon dans toutes les associations. À la Fondation Brigitte-Bardot, il faut d'abord remplir un dossier, fournir des éléments juridiques puis passer un entretien avec les juristes salariés de la Fondation, qui accepte (ou rejette) ensuite le dossier.

miaou : Êtes-vous bénévole ? Combien de temps y consacrez-vous par semaine ?

Jenny : Oui, nous sommes tous bénévoles. Concernant le volume horaire, sans exagérer, nous pourrions nous y consacrer 24 heures sur 24, 7 jours sur 7. Cependant, il faut trouver un équilibre entre les enquêtes, qui sont souvent assez difficiles à supporter psychologiquement, et notre activité professionnelle qu'il est important de conserver. C'est donc extrêmement aléatoire, car nous adaptons les heures consacrées aux enquêtes à nos emplois du temps personnels. Pour ma part, j'ai plus de temps libre que d'autres. Si je prends en compte le déroulement de l'enquête sur le terrain, le temps passé à réfléchir, analyser, préparer le dossier, l'attente au commissariat pour déposer plainte, et la rédaction du rapport destiné aux juristes de la Fondation, je pense que j'y passe en moyenne 15 à 20 heures par semaine. J'y consacre beaucoup de temps, parce que j'en ai envie et que j'aime ça, c'est une vraie passion.

miaou : Avant d'être enquêtrice à la Fondation, vous étiez déjà engagée dans une association et auprès d'un refuge. Qu'est-ce qui vous a donné envie d'aller plus loin ?

Jenny : Il y a eu en effet une vraie progression dans mon engagement pour les animaux. J'ai commencé en étant famille d'accueil pour le Regroupement des chats perdus (voir l'interview de sa présidente Marie-Jo Satorra dans le miaou n° 15). Puis je me suis impliquée de plus en plus dans la vie du refuge : gestion administrative, téléphone, adoptions... et j'ai été nommée vice-présidente. Plus tard, j'ai découvert le trappage*. Puis j'ai monté un dossier pour obtenir des bons de stérilisation auprès de la Fondation Brigitte-Bardot afin que les chats errants deviennent des chats libres. Certaines personnes tuaient leurs chats parce qu'ils en avaient assez d'avoir des portées tout le temps. J'allais les voir et leur proposais de garder leurs minets si je les stérilisais pour qu'ils ne se reproduisent pas. Je faisais ça dans mon coin. De fil en aiguille, par des rencontres, et via les réseaux sociaux, j'ai découvert des groupes de policiers et, parmi eux, d'enquêteurs, bénévoles ou non, impliqués dans la cause animale. Un jour, alors que je n'étais plus adhérente d'une association, et grâce à ma connaissance du terrain, on a fait appel à moi pour récupérer un chien victime de maltraitance (Stitch, photo page suivante). Dans ce contexte, j'ai eu la chance de rencontrer une enquêtrice d'expérience de la Fondation Brigitte-Bardot, Sandrine. J'ai eu envie de m'inspirer de son expérience, de ses connaissances, nous avons appris à nous connaître... À l'époque, je ne pensais pas pouvoir supporter ce que l'on voit : les cadavres, les actes de cruauté ou de maltraitance... ni avoir la patience nécessaire avec les humains responsables de ces atrocités. Je ne pensais pas pouvoir mettre un terme à ces agissements. Sandrine était convaincue que j'avais ces capacités,

*Attraper des chats errants pour les stériliser et les identifier.

que je pouvais y arriver. Elle m'a expliqué comment cela se déroulait et m'a incitée à déposer un dossier. C'est donc grâce à cette très belle rencontre que je suis devenue enquêtrice.

miaou : Faut-il être solide mentalement pour être confrontée ainsi à la souffrance animale ?

Jenny : Plus qu'être solide mentalement, je pense qu'il faut être très équilibrée : avoir une vie professionnelle, un entourage, une vie sociale... qui fait que nous n'avons pas que la Fondation dans la vie. Surtout, il ne faut pas se lancer dans cette cause pour tenter d'oublier un traumatisme, cela ne doit pas être un pansement. Certaines personnes malheureuses se lancent dans le bénévolat en pensant aider et en voulant se sentir utiles, mais cela ne fonctionne pas, c'est même dangereux pour elles.

miaou : Quelles sont les autres difficultés de cette action ?

Jenny : Le manque de moyens des enquêteurs et de la justice française, on n'en parle pas assez. À cause de cela, il arrive très souvent que nos dossiers n'aboutissent pas. C'est une frustration énorme, aussi difficile à vivre que de voir un animal souffrir. Par manque de moyens judiciaires ou à la suite de problèmes administratifs, on arrive parfois à des situations dramatiques. Par exemple, devoir rendre l'animal à son tortionnaire. On l'a sorti de sa souffrance à un instant « T », on l'a soigné, mais à la fin, on le remet dans sa galère. C'est quelque chose qui n'est pas visible et qu'on ne découvre qu'une fois dans le système. C'est peu connu, et c'est aussi malheureusement valable pour d'autres causes terribles (violences conjugales, violences sur les enfants, agressions sexuelles...) Le système judiciaire est défaillant, et pas seulement pour la cause animale.

> « Il faut faire ce travail à fond parce que les animaux ont grandement besoin de nous. »

miaou : Cela doit être frustrant cette impression de se battre en vain ?

Jenny : Tout à fait. Parfois, c'est même pire que cela : nous avons des preuves, des aveux, et il ne se passe rien à cause d'un problème juridique ou administratif. C'est terrible. Nous avons choisi cette activité, car nous avons envie d'aider. Nous donnons tellement de notre temps, de notre énergie, de notre cœur, de notre argent – il faut le dire, aussi – que quand nous accusons échec sur échec, c'est vraiment très difficile. Encore une fois, tout est une question d'équilibre. Quand nous remarquons que cela fait deux ou trois enquêtes que c'est difficile, nous pouvons faire une pause. Nous nous ressourçons quelques jours ou semaines pour mieux revenir ensuite. Sinon cela ne serait pas tenable sur le long terme.

miaou : Comment avez-vous connaissance des cas dont vous vous occupez ?

Jenny : En ce qui concerne les enquêtes de la Fondation Brigitte-Bardot, c'est très encadré. Les témoins de maltraitance (particuliers, forces de l'ordre, assistantes sociales, commune...) contactent la Fondation pour faire un signalement : les juristes qui le reçoivent nous envoient une demande d'enquête, avec des informations confidentielles. Nous recevons l'adresse et les éléments à contrôler. Nous nous rendons sur place pour effectuer le contrôle. En parallèle, j'ai une page Facebook sur laquelle des associations locales peuvent me contacter pour de l'entraide. Avec elles, nous essayons au maximum d'échanger des informations, de nous entraider sur les prises en charge. Après une enquête, la Fondation Brigitte-Bardot peut prendre en charge l'animal, mais elle n'a pas beaucoup de refuges, donc nous faisons souvent appel à d'autres associations locales. La Fondation Brigitte-Bardot dote financièrement les associations locales qui nous aident au placement des animaux que nous ne pouvons accueillir au sein de nos propres refuges.

miaou: Comment faire un signalement?

Jenny: Si vous constatez une potentielle situation de maltraitance, vous pouvez faire un signalement à la police, à la Fondation Brigitte-Bardot ou à une autre association de protection animale. En sachant que, comme un particulier n'est pas habilité à déposer plainte pour maltraitance animale, en général, la police le dirige vers une association. Il est préférable de contacter plusieurs associations, car elles sont toutes surchargées. L'idéal est de prendre des photos, des vidéos et d'accepter de témoigner. Dans le cas où la personne souhaite rester anonyme, c'est possible, mais il faut quand même faire un signalement, au risque de passer à côté de gros cas de maltraitance. Il vaut mieux signaler et rester anonyme, même si cela ne mène peut-être à rien, pour que nous ayons les informations et puissions éventuellement tenter de traiter le cas autrement.

miaou: La nouvelle loi qui vient d'être votée va-t-elle vous aider à faire avancer la cause de la protection animale?

Jenny: Il existe déjà des lois qui nous aideraient grandement si elles étaient appliquées. Malheureusement, elles le sont peu ou pas. Si tous les chats en France étaient identifiés, il y aurait deux fois moins d'abandons puisqu'on pourrait retrouver ceux qui les abandonnent et les faire condamner plus facilement. Cependant, cela engorgerait encore plus les tribunaux, ce qui n'est aujourd'hui pas possible. C'est un cercle vicieux, qui va au-delà de la protection animale. Nous sommes évidemment tous ravis de cette nouvelle loi, qui est notamment une grande avancée pour les animaux de cirque ou vendus en animalerie. Pour moi, il est essentiel que les élus prennent conscience du boulot accompli par les bénévoles et les associations vis-à-vis des chats errants non stérilisés de leurs communes. Parce qu'il n'y a pas que les associations, il y a aussi des «Monsieur et Madame Tout-le-Monde» qui s'occupent des chats. Les animaux n'arrivent pas tout seuls: c'est bien parce qu'un humain n'a pas stérilisé son chat qu'il y en a autant, c'est de notre responsabilité. Je pense que c'est le gros problème aujourd'hui. En été, je suis sollicitée tous les jours, voire plusieurs fois par jour, pour prendre en charge des chattes qui vont mettre bas ou des chatons sans parents, c'est une catastrophe. De plus, avec le changement climatique, le nombre de mises bas augmente en hiver, ce qui ne se produisait pas auparavant.

> «Le système judiciaire est défaillant, et pas seulement pour la cause animale.»

miaou: Avez-vous un conseil à donner à quelq'un qui souhaite adopter un animal?

Jenny: Il y a deux ans, j'ai été contactée par une jeune fille qui a acheté un Chihuahua dans un élevage en Normandie. Elle est rentrée chez elle, le chien se cognait partout, elle ne comprenait pas pourquoi et a donc été chez le vétérinaire. Celui-ci lui a dit que le chien était sans doute aveugle, et qu'il fallait lui faire passer des examens complémentaires pour lesquels elle n'avait pas le budget. Elle avait reçu un certificat de bonne santé de l'éleveuse, mais a compris qu'elle s'était fait avoir. Je l'ai aidée à déposer plainte pour abus de confiance. Elle n'a pas pu garder Olaf (photo ci-contre). Nous l'avons donc pris en charge et lui avons fait passer une IRM, grâce à laquelle nous avons découvert qu'il était sourd et aveugle. Ce chien avait été acheté en élevage, avec certificat de bonne santé, pour 750 euros. La jeune fille a appelé l'éleveuse, envoyé un courrier recommandé, elle ne lui a jamais répondu. En tant que particulière, elle a eu du mal à déposer plainte, les policiers l'ont renvoyée vers le tribunal administratif. De mon côté, j'ai trouvé un policier qui a accepté de prendre sa plainte pour abus de confiance. Elle n'a pas pu stopper les prélèvements, elle a bien payé les 750 euros. Cette histoire a deux ans, elle passera en jugement un jour, mais en attendant, l'éleveuse a 750 euros et la jeune fille n'a plus de chien. J'entends beaucoup de personnes dire que choisir un animal en élevage ou en association est une garantie de bonne santé, mais on ne peut être sûr de rien : il y a de bons et de mauvais élevages, de bonnes et de mauvaises associations. Mon conseil : renseignez-vous et méfiez-vous de tout. J'ai beaucoup de cas de personnes qui ont acheté des chiens de trois, quatre mois en élevage, les ont payés 1000, 1500 euros et ont des problèmes avec. Nous sommes de plus en plus souvent alertés par les particuliers sur les élevages et les éleveurs. Morale de l'histoire : renseignez-vous, prenez votre temps, ne faites aucune adoption ou achat sur un coup de tête. Et surtout, prenez un animal parce que votre mode de vie peut lui correspondre, et non parce qu'il est beau ou à la mode.

miaou : Il y a vingt ans, on parlait déjà d'éleveurs peu scrupuleux. N'y aurait-il pas une augmentation du trafic clandestin liée à la crise sanitaire ?

Jenny : Complètement. Encore hier, une amie présidente d'association a trouvé une chienne dans une cave avec la moitié de ses chiots morts. Ça n'arrête pas. Il existe une nouvelle mode : les gens font des croisements pour vendre des chiots. Ils ne

Olaf, Chihuahua aveugle sauvé par la Fondation.

Retrouvailles après le sauvetage de ce chaton amaigri, rempli de puces.

Sauvetage de plusieurs chats reproducteurs abandonnés.

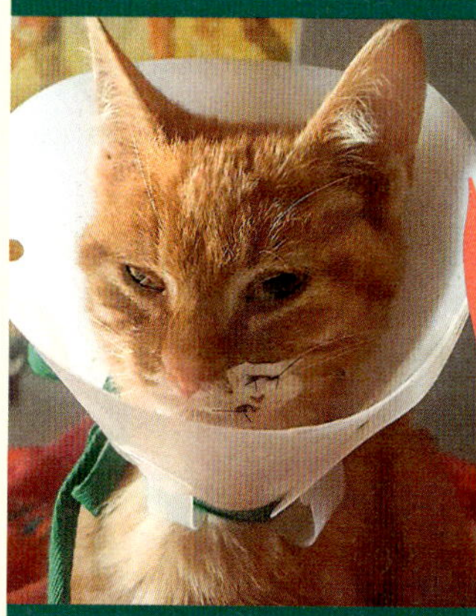

Sun, sauvé à semaines, soigné 6 mois par Jenny… qui l'a finalement adopté.

Stitch, chien battu, grâce auquel Jenny a rencontré Sandrine, à la Fondation Brigitte-Bardot.

se rendent pas compte à quel point c'est grave ! Ils naissent tous plus gentils les uns que les autres, mais ils sont détruits par l'humain mois après mois, et nous, quand nous arrivons, c'est trop tard, on ne peut que constater les faits.

miaou : Pourriez-vous nous raconter une affaire qui vous a particulièrement marquée ?

Jenny : Il y en a énormément, pour différentes raisons. Par exemple, un chien de sécurité a été poignardé à plusieurs reprises, selon un témoin, par un maître-chien qui lui aurait ensuite roulé dessus. Évidemment, le chien est décédé. J'ai récupéré le corps à la fourrière pour pouvoir mener une autopsie. Le but était d'avoir des preuves en vue d'un dépôt de plainte et de la condamnation de l'auteur des faits. L'idée m'était insupportable qu'il s'en sorte. J'avais un témoin, une autopsie, et des aveux : je pensais que ce serait suffisant. Mais la police m'a appelée pour me dire que la plainte était classée sans suite à cause d'un problème administratif. Ainsi, parfois, même en ayant toutes les preuves, cela n'aboutit pas pour des raisons administratives. J'ai demandé aux juristes de la Fondation d'obtenir du Parquet les pièces du dossier pour essayer de procéder d'une autre façon. Le tribunal est débordé, cela fait un an qu'on attend. C'est le genre d'enquête qui marque, alors que je n'ai pas connu le chien. C'est profondément injuste que l'animal soit décédé dans l'indifférence générale, que l'auteur des faits soit connu des services de police, qu'il travaille dans la sécurité, je trouve que c'est du délire total. Dans des cas pareils, je vous assure que parfois je pleure toutes les larmes de mon corps.

> « Il est essentiel que les élus prennent conscience du boulot accompli par les bénévoles et les associations vis-à-vis des chats errants non stérilisés. »

miaou : Vous devez être confrontée à des affaires très variées. En avez-vous une autre à nous raconter ?

Jenny : L'un des premiers dossiers que l'on m'a confiés concernait une jeune fille qui avait essayé de solliciter la terre entière, c'est-à-dire son syndicat de copropriété, la mairie, la presse... pour signaler qu'un appartement voisin n'était plus habité depuis très longtemps et qu'il y avait deux chats enfermés à l'intérieur. Quelqu'un passait une fois par semaine pour les nourrir. Au départ, la jeune fille avait parlé avec la propriétaire pour lui demander pourquoi elle gardait ces chats dans cet appartement. Personne n'y vivait, il y avait une odeur insupportable, ils restaient dans le noir dans des conditions indécentes. Le discours de la propriétaire était « ce sont mes chats, je les aime. » Personne ne bougeait et la jeune fille n'arrivait à rien. Elle a contacté un refuge qui m'a demandé de l'aide. Nous avons déposé plainte et fait ouvrir l'appartement par les pompiers. Nous avons découvert un appartement avec des choses entassées partout, une lampe qui aurait pu prendre feu à tout moment, une caisse avec des excréments moisis, les deux chats terrorisés... Ils vivaient dans ces conditions, dans le noir, depuis trois ans. Ils sont maintenant en famille d'accueil. Mais parfois on n'arrive pas à négocier la cession. Quand les propriétaires ne veulent rien savoir et que la police me donne une réquisition pour mettre à l'abri des animaux, celle-ci court jusqu'au jugement, et en règle générale, si on a de la chance, il a lieu un an ou un an et demi plus tard. Pendant ce délai, nous sommes censés garder les animaux dans des associations. Il faut bien les mettre quelque part, mais certaines familles d'accueil ne veulent pas

accepter des animaux qui peuvent être repris par la justice ensuite. Elles ne veulent pas prendre le risque de s'y attacher et de devoir les rendre, alors certains animaux restent en cage en attendant le jugement. Sachant que, si on récupère un chat qui n'est pas stérilisé, il faut gérer les marquages urinaires, les chaleurs... Les deux chats sont toujours en attente du jugement depuis décembre 2018.

miaou: La famille d'accueil ne peut pas faire stériliser un animal?

Jenny: Quand vous récupérez un animal sous réquisition judiciaire, vous avez seulement le droit de le faire identifier, car c'est une obligation légale. Pour tout le reste, sauf accord du Parquet, vous n'avez pas le droit d'y toucher. Si vous le faites, et qu'il doit être rendu au propriétaire, celui-ci peut vous attaquer en justice pour «destruction de bien».

miaou: Pouvez-vous nous raconter une histoire qui se termine bien?

Jenny: Pendant le premier confinement, j'ai été contactée par la police au sujet de quelqu'un qui a eu le Covid-19 et a été hospitalisé. Les policiers ont découvert douze chats en mauvais état dans son logement, adultes et chatons. Il y avait de la reproduction, des chatons en malnutrition extrême... Ils m'ont demandé de les prendre en charge, et j'ai ouvert une enquête au vu de l'état des animaux. On a fait un dépôt de plainte et les animaux sont restés 8 mois en famille d'accueil, puis nous sommes passés au tribunal et nous avons gagné: le propriétaire a été condamné à rembourser les frais vétérinaires et les frais de garde à l'association. Cette personne vendait illégalement des chatons d'apparence Sacré de Birmanie depuis des années. Le propriétaire a fait appel du jugement, mais il a perdu. C'est une histoire qui a commencé dramatiquement, mais qui se termine bien, tous les chatons sont maintenant stérilisés et ne servent plus à la reproduction. Ils ont tous été placés et adoptés.

miaou: N'avez-vous pas l'impression que les choses évoluent dans le bon sens depuis quelques années?

Jenny: Il y a en effet une prise de conscience énorme sur le fait que l'animal a des besoins, des sentiments, qu'il peut souffrir. Des choses se mettent en place à l'échelle globale, il y a donc de l'espoir. Bien sûr, on ne pourra jamais éviter qu'il y ait des gens plus ou moins équilibrés qui s'en prennent à plus faibles qu'eux... Mais je voudrais remercier la Fondation Brigitte-Bardot et Brigitte Bardot elle-même pour son engagement auprès des animaux. Je voudrais aussi remercier des personnes dévouées à cette cause sans qui nous ne pourrions pas réussir sur le terrain: Delphine et Claire à la Fondation Brigitte-Bardot, les deux juristes qui gèrent le nombre impressionnant de dossiers sur la maltraitance animale et les enquêteurs qui travaillent sur ceux-ci. Un merci également à ma marraine de cœur, Sandrine. Être bénévole à la Fondation, c'est un sacré engagement, mais nous le faisons avec enthousiasme et énergie tant que nous le pouvons. Je me dis que tant que l'équilibre est respecté, il faut se donner à fond parce que les animaux ont grandement besoin de nous.

Une nouvelle loi pour protéger les chats

Loïc Dombreval, député des Alpes-Maritimes, est le fer de lance d'une toute nouvelle loi qui vient d'être votée pour la protection de nos amis les chats (et pas que). Quels changements annonce-t-elle?

Dans chaque numéro de miaou, retrouvez l'interview réalisée par Nicolas Stoufflet pour son podCat autour de sujets très «miaou»: bien-être, ronronthérapie, médecine vétérinaire, élevage, races, artistes…

Nicolas Stoufflet : Bienvenue dans ce nouvel épisode du PodCat. Aujourd'hui, nous accueillons Loïc Dombreval, député des Alpes-Maritimes et vétérinaire. Merci d'être avec nous !

Loïc Dombreval : Bonjour !

N. S. : Vous avez porté une loi qui vient d'être définitivement votée pour la protection animale et contre la maltraitance en général. Qu'est-ce qui va changer pour les chats et leurs propriétaires ?

L. D. : Beaucoup de choses. Par exemple, la nécessité d'avoir un certificat de connaissances minimales. Il s'agit de savoir à quoi l'on s'engage quand on va adopter un chat et partager sa vie. Il faut savoir comment vit le chat, quels sont ses besoins physiologiques, quels sont les éléments clés de son comportement, comment il faut le nourrir, combien coûte son entretien... Ce n'est pas un permis, ce n'est pas payant, il n'y a pas d'examen, mais on s'assurera que ces connaissances minimales sont acquises par le futur propriétaire avant qu'il s'engage. Ensuite, un autre point me semble essentiel : le renforcement des sanctions pénales. En France, pratiquer des actes de cruauté sur un chat ou sur un autre animal était passible d'une peine qui n'était même pas équivalente à un acte de dégradation d'un bien. Nous avons donc rehaussé ces sanctions pénales pour les aligner a minima avec la dégradation d'un bien. Un animal n'est pas un bien, il est un être vivant doté d'une sensibilité comme le dit le Code civil. Imaginez que tuer un chat volontairement n'était passible jusqu'à présent que d'une simple contravention de 1500 euros ! Demain, ce sera un délit avec une peine d'emprisonnement et une amende très nettement augmentée.

> « Un chat n'est pas un objet, ce n'est pas un jouet, et pourtant il est présenté comme tel dans les animaleries. »

N. S. : Une loi avait pourtant déjà reconnu l'animal comme un être doué de sensibilité et non plus comme un meuble.

L. D. : Oui, mais avec une ambiguïté dans la rédaction du texte du Code civil : « Les animaux sont des êtres vivants doués de sensibilité. Sous réserve des lois qui les protègent, les animaux sont soumis au régime des biens ». Comme si on n'osait pas considérer en France qu'un chat, qui partage le foyer de tellement de Français, était bien plus qu'un bien. C'est un être vivant et doué de sensibilité avec lequel on joue, on s'amuse, qui est intelligent, qui se cache. Rien à voir donc, avec un objet. Pourtant, dans notre Code civil, le chat et ses droits sont toujours assimilés à ceux d'un objet. Nous avons rehaussé les sanctions pénales, mais pas modifié cet article du Code civil qui aurait demandé beaucoup plus de temps dans l'examen de la loi. Nous n'avions malheureusement pas un temps indéfini pour pouvoir échanger et débattre dans les hémicycles. Un autre point important : la question de la vente sur Internet. J'incite les lecteurs de miaou à se méfier de la vente sur Internet, que ce soit sur Leboncoin, Facebook ou d'autres sites. Il y a énormément d'arnaques. Le mot est un peu fort, mais c'est une réalité. Il y a un pourcentage significatif d'annonces frauduleuses : des chats « de race », qui n'en sont pas, vendus à prix d'or, soi-disant identifiés, mais avec de faux numéros. Tout cela est une véritable foire et l'on a très sérieusement restreint la publication des annonces, d'abord, en limitant leur diffusion aux sites spécialisés. Puis, en faisant en sorte que préalablement à la diffusion de l'annonce, le numéro d'identification de l'animal, qui est unique, soit vérifié par le Fichier national d'identification pour s'assurer que c'est bien celui de l'animal cédé. Après cette vérification seulement, l'annonce pourra être mise en ligne.

N. S. : De meilleures garanties pour les acheteurs, une meilleure garantie pour le chat. Un autre élément dans cette proposition de loi concerne la vente de chats ou d'autres animaux en animalerie, qui sera donc interdite ?

L. D. : La vente en animalerie est souvent l'objet d'un achat dit « d'impulsion ». L'animalerie est un lieu de promenade pour les parents et les enfants. On voit un petit chaton absolument adorable, sans savoir exactement les implications de la possession d'un animal, mais on l'acquiert quand même. On réalise après qu'avoir un chat, c'est compliqué, en appartement, mais en maison aussi, on ne sait pas comment il vit, comment le nourrir, quels sont les frais inhérents à sa possession, combien coûte la visite chez le vétérinaire. Tout cela fait qu'on arrive à l'abandon. L'autre point concerne le « chat objet » derrière une vitrine : cela me choque, et je ne suis pas le seul. Un chat n'est pas un objet, ce n'est pas un jouet, et pourtant il est présenté comme tel. Là aussi, ce n'est pas très original, beaucoup de pays ont pris la disposition d'interdire la vente d'animaux vivants en animalerie. Nous nous sommes inspirés des Californiens en proposant de présenter en animalerie des animaux issus de refuges, qui ont parfois énormément de chats et des difficultés à les placer, en particulier depuis le confinement de l'année dernière. Les animaleries deviendront le siège de la présentation de ces animaux à adopter, chats et chiens. Il s'agira de la seule possibilité, il n'y aura pas d'autres animaux à vendre dans les animaleries.

N. S. : Ce ne sera donc pas de la vente, mais une façon de présenter des animaux à adopter. Les animaleries seront donc en relation avec des refuges et des associations ?

L. D. : Exactement, et ce sera évidemment le refuge qui récoltera le fruit de la vente de l'animal et qui fera l'ensemble des démarches préalables à l'adoption. C'est une garantie de sécurité supplémentaire, car les bénévoles dans les associations de protection animale font un travail remarquable au moment de l'adoption. Ils posent une série de questions dans un échange approfondi avec le futur acquéreur et s'assurent ainsi que les animaux sont bien placés.

N. S. : La loi aborde aussi le sujet de la stérilisation des chats errants. Jusqu'à présent, il n'y avait pas de contraintes. Dorénavant, il y aura une obligation pour les collectivités territoriales de procéder à ces stérilisations ?

L. D. : Pas pour l'instant, c'est un petit recul par rapport à la loi votée en janvier à l'Assemblée. Cet élément-là fait partie de la négociation qu'il y a eu avec le Sénat. Pour être précis, on ne connaît pas le nombre exact de chats errants en France. La Fondation Brigitte-Bardot avance un chiffre d'environ onze millions, peut-être, en tout cas il est certain qu'ils sont nombreux et mal en point. En plus, ils portent atteinte, il faut le dire, à la biodiversité en mangeant les oiseaux. C'est un problème qui se pose vraiment. C'est-à-dire qu'un chat, dans la nature, ne fait pas la distinction entre un oiseau qui appartient à une espèce protégée et un pigeon. Nous avions voulu rendre obligatoire la stérilisation des chats par les collectivités, mais nous nous sommes rendu compte qu'il était difficile d'évaluer le coût, car on

ne connaît pas le nombre de chats errants. Nous allons faire très rapidement une étude sous la responsabilité du ministère de l'Agriculture qui va durer 4 à 6 mois pour évaluer le nombre de chats errants en France, voir les priorités, les lieux dans lesquels il y a de gros problèmes pour les traiter en premier. Puis, nous joindrons à cela un budget et notamment une participation de l'État, car il n'est pas normal que les communes soient seules à prendre en charge ce sujet. Il y aura donc une tripartition entre l'État, la commune ou l'intercommunalité et les associations de protection animale locales. Nous allons donc dans un premier temps faire cette étude. C'est un enjeu de santé publique, car le chat peut être porteur de maladies transmissibles à l'homme. Cela concerne également le bien-être des chats, et la sécurité, car parfois les lieux de nourrissage deviennent des points de forte tension entre les voisins (qui en ont assez d'entendre des miaulements) et les personnes qui nourrissent les chats.

N. S. : Il faut saluer le travail de certaines associations, comme L'École du chat à Paris. Ses bénévoles capturent les chats, les stérilisent et les remettent en liberté. Comment s'organisent ces actions ? Elles dépendent des communes ? Des associations ?

L. D. : Exactement, c'est au bon vouloir du maire ou de l'intercommunalité. La loi autorise que les maires capturent, stérilisent et remettent en liberté les chats. La loi que nous voulions faire passer comportait l'obligation de la stérilisation. Nous avons changé un mot : les maires « peuvent » au lieu de « doivent ». Mais effectivement, ce sont eux qui décident de faire ou de ne pas faire. En général, ils le font pour deux raisons : soit parce qu'ils sont des amoureux des chats, soit parce qu'ils ont de vrais problèmes de santé ou de sécurité à cause des félins.

N. S. : Quelques mots en conclusion, Loïc Dombreval ?

L. D. : Si j'ai un message à faire passer aux lecteurs, ce serait de faire identifier leur animal. Le fait que l'animal vive en appartement n'est pas une raison pour ne pas le faire identifier, on ne sait jamais. J'ai connu des cas d'animaux qui se sont échappés et qui ont fini à la fourrière les quatre pattes en l'air. Alors que s'ils sont identifiés, on retrouve rapidement le propriétaire. Deuxièmement, si vous êtes un amoureux des chats et que vous voulez en acquérir un, ne le faites pas sur Internet. Allez voir votre vétérinaire, allez voir des amis qui ont déjà des chats, allez voir un éleveur, mais évitez vraiment Internet pour acheter un chat et passer un bon bout de votre vie avec lui.

N. S. : Merci Loïc Dombreval, député à l'origine de cette loi de protection animale qui va entrer en application progressivement, d'avoir été avec nous.

L. D. : Merci à vous !

Retrouvez le « podCat » ici :
soundcloud.com/lepodcat

Sublimissimes

Les chats photographiés comme des stars de cinéma

Quelques Palmes d'or pour célébrer les chats en majesté.

Dancer in the Dark

Les chaleurs des minettes

Les premières chaleurs chez la chatte prennent souvent les propriétaires par surprise, par leur arrivée précoce et les changements de comportement qu'elles entraînent. Voici comment s'y préparer au mieux.

Le cycle sexuel

Le cycle sexuel de la chatte est basé sur les chaleurs, qui s'accompagnent de modifications anatomiques, physiologiques et comportementales. L'âge de la puberté chez les chattes varie d'une race à l'autre, et peut arriver entre 4 et 12 mois. Certaines races (Abyssin, Birman, Siamois...) sont plus précoces, alors que d'autres (le Persan, par exemple) n'atteignent leur puberté qu'à 12 mois. Dans la majorité des cas, les premières chaleurs surviennent vers le septième mois, deux fois par an et durent de 4 à 10 jours en moyenne.

Un comportement changé

Pendant la période des chaleurs, les chattes sont plus affectueuses que d'habitude, recherchant le contact avec leur maître et les personnes qu'elles apprécient. Elles se frottent contre les meubles et les murs, relevant leur arrière-train dans la position de l'accouplement. Pour les maîtres, la période des chaleurs peut être un moment difficile à vivre, car les chattes présentent des comportements pénibles. Elles miaulent très fort, constamment, nuit et jour, pour attirer les mâles. Les femelles marquent les points de passage d'une urine à l'odeur très forte, indiquant qu'elles sont prêtes à être fécondées et se lèchent longuement les parties génitales. Les chattes qui vivent en appartement cherchent à sortir à tout prix, griffant les portes et les fenêtres et filant à la moindre occasion par les escaliers, le balcon, les gouttières...

Faire le bon choix

À moins de vouloir absolument faire reproduire sa chatte (ce qui n'est pas indispensable à son bien-être et risque d'entraîner la naissance de chatons souvent difficiles à placer), il est conseillé de la faire stériliser pour éviter ces comportements pénibles.

Nature's Variety
NUTRITION NATURELLE
VIANDE DÉSOSSÉE
COMME INGRÉDIENT PRINCIPAL
STERILIZED / NEUTERED ADULT
Nature's Variety
Original
with 250g SALMON
DEBONED FISH MAIN INGREDIENT
1.25 kg
MEDIUM / MAXI (+10 kg) ADULT
Nature's Variety
Selected
TRACEABILITY GUARANTEED FROM ORIGIN
600 g FREE RANGE CHICKEN
DEBONED MEAT MAIN INGREDIENT
NO GRAIN
2 kg
A découvrir sur www.naturesvariety.com/fr

J'arrive dans ma **nouvelle**

Dossier

maison

L'arrivée d'un chaton dans sa nouvelle maison est un évènement qui requiert un minimum de préparation. Certes, il est possible de lui offrir des accessoires et des coussins luxueux, un arbre à chat de designer... mais les installer au bon endroit et les choisir judicieusement est le plus important ! Un chaton vous révèle ses astuces pour un emménagement réussi !

Avec ma maman et mes frères et sœurs, nous vivons chez une humaine très gentille. Elle s'occupe bien de nous et nous sommes choyés dans cette maison, comme Maman le dit. Maintenant que nous avons deux mois, d'autres humains nous rendent régulièrement visite. Maman a dit que c'est pour partir vivre avec eux. Ça a l'air excitant, mais j'avoue que j'ai aussi un peu peur de me retrouver tout seul, dans un environnement inconnu, avec un nouvel humain…

Aujourd'hui, c'est le grand jour: Maman m'a expliqué que j'allais partir vivre avec ma nouvelle humaine. J'ai un peu le trac, mais elle a l'air drôlement gentille, elle m'a fait des papouilles à chaque fois qu'elle est venue me voir et m'a parlé tout doucement.
Elle est prévoyante: elle a acheté un panier de transport pour m'emmener. C'est la manière la plus sûre (pour les chats comme les humains) de voyager. En voiture, nous ne risquons pas de distraire le conducteur ni d'être blessés en cas de freinage brusque. Le panier doit être posé au sol ou arrimé à l'aide de la ceinture de sécurité. Malgré cela, le trajet a été assez stressant: j'étais déjà monté en voiture pour aller chez le vétérinaire, mais j'étais avec toute la famille, ce qui était plutôt rassurant. Cette fois, je suis tout seul. Heureusement, mon humaine m'a parlé tout du long d'une voix apaisante.

Nouvelle maison

Que de changements ! Loin du cocon familial, il va falloir que j'apprenne à vivre dans ce nouvel environnement, en compagnie d'une nouvelle humaine. Mais Maman m'a dit que tout devrait bien se passer si chacun y met du sien. Elle a dit aussi qu'il faudrait que j'évite les bêtises… On dit de nous que nous sommes exigeants, mais un accueil approprié, un trousseau bien choisi, quelques attentions et certaines précautions suffisent à garantir notre bonheur !
Nous voici arrivés dans l'appartement de mon humaine ! Celle-ci m'a laissé quelques minutes dans ma boîte de transport pour que je m'acclimate doucement à ce nouvel univers. Elle est vraiment attentionnée ! Quand elle a ouvert la boîte, je suis sorti prudemment. Je n'étais pas rassuré, séparé des miens, dans cet endroit rempli de bruits et d'odeurs inconnus… Mon premier réflexe a été de filer me cacher sous le lit. Et puis la curiosité a été la plus forte et je suis parti à la découverte de ma nouvelle maison. Mon humaine m'a laissé tranquille et m'a donné tout le temps pour explorer mon nouveau territoire et renifler les odeurs. Mon humaine a téléphoné à une amie pour lui annoncer mon arrivée. Elle a dit qu'elle avait profité de quelques jours de congés pour m'accueillir. Ainsi, je ne serai pas tout seul les premiers temps et je pourrai m'habituer à mon nouveau chez-moi avant d'y rester en solitaire.

Premières bêtises

J'adore ce nouvel endroit, il y a plein de trucs à faire ! Grimper aux rideaux, escalader les étagères, monter sur la table… La plupart du temps cela fait rire mon humaine, mais des fois elle semble un peu crispée… Certaines choses sont totalement interdites, et elle ne plaisante pas ! Ainsi, j'ai découvert des fils électriques à mâchouiller… Quand mon humaine a vu ça, elle a dit « NON ! » d'une grosse voix et j'ai compris que ça ne rigolait pas. Comme je ne suis pas toujours très obéissant, j'ai recommencé. Alors elle a été en douce chercher un vaporisateur d'eau et m'en a aspergé ! Je vous dis pas, j'ai fait un de ces bonds ! Je ne suis pas très « eau » pour tout vous dire…
Dans la cuisine, il y a aussi quelques interdits à respecter. J'ai sauté sur les plaques de cuisson pour voir si quelque chose s'y préparait: je me suis drôlement fait gronder. J'aurais pu me brûler cruellement si les plaques avaient été allumées, alors plus question d'y monter.

Le trousseau du chaton

- Gamelle pour la nourriture
- Fontaine à eau
- Litière fermée
- Panier et/ou coussin
- Arbre à chat ou griffoir
- Panier de transport
- Collier avec médaille (chats qui sortent)
- Pince coupe-griffes
- Brosse

Une autre chose totalement interdite, et pourtant bien agréable : la petite sieste dans la machine à laver ! Comme mon humaine avait mis du linge à l'intérieur, j'ai trouvé le lieu idéal pour dormir. Mais quand elle a ajouté des vêtements par-dessus et s'est rendu compte que j'étais là, elle m'a fait sortir vite fait ! Par prudence, désormais, le tambour reste toujours fermé.

Aujourd'hui, dans la salle de bains, j'ai entièrement dévidé le rouleau de papier toilette et l'ai transformé en confettis, c'était très joli ! Mais après, les choses ont dégénéré : j'étais en équilibre sur le rebord des toilettes et plouf ! je suis tombé. J'ai voulu en sortir le plus vite possible, mais mes coussinets n'avaient aucune prise sur les bords lisses. Je me serais noyé si mes miaulements désespérés n'avaient pas attiré mon humaine : elle m'a sauvé la vie. Dorénavant, l'abattant est toujours abaissé pour éviter un autre accident.

Un peu de prévention

Depuis que je suis arrivé, mon humaine a caché plein de choses, pour éviter les intoxications. Même si nous, les chats, sommes moins gloutons que les chiens et avons donc moins de risques de nous intoxiquer, cela peut quand même arriver.

Au garage, elle a planqué différents produits utilisés dans la maison qui peuvent être très toxiques. Pour la plupart, ce sont des substances que je ne risque pas d'ingérer volontairement, car leur goût ne m'attire pas. Mais je peux en avoir sur la fourrure, marcher ou tomber dedans. La plus grande prudence s'impose donc.

Le white-spirit, la térébenthine et tous les carburants sont des poisons extrêmement violents pour nous. Ne nettoyez donc jamais un chat qui se serait mis de la peinture sur les poils avec ces produits, cela peut le tuer. De même que si un chat s'en renverse dessus pendant que vous bricolez, lavez-le à grande eau au savon de Marseille, rincez-le bien et courez chez le vétérinaire.

Mon humaine a également caché tous les produits pour éliminer les nuisibles et les herbicides. J'ai cru comprendre qu'elle avait également donné ses plantes nocives à des copines qui n'ont pas de chat.

En cas d'ingestion d'un produit toxique, il ne faut surtout pas tenter de faire vomir le chat. Cela peut provoquer une fausse déglutition et entraîner de

très graves atteintes des poumons. Il ne faut pas non plus donner de lait : celui-ci risque d'accélérer la digestion du toxique. Le sel est également proscrit : une surdose peut également entraîner une intoxication !

Mon humaine a également installé des protections sur les fenêtres oscillobattantes : elles sont très dangereuses pour nous. Nous pouvons essayer de nous faufiler dans l'entrebâillement et rester coincés : c'est carrément un danger mortel ! Il existe donc des petits filets ou soufflets à poser sur ces fenêtres. Dans une maison ce n'est pas un problème, mais pour les appartements, il existe également des filets très discrets pour protéger fenêtres et balcons.

Trousseau au top

En arrivant à la maison, la première chose que mon humaine a faite a été de me montrer où sont mes toilettes. Heureuse initiative : je ne tenais plus et j'étais prêt à faire pipi n'importe où ! Elle les a installées dans un endroit parfait : à l'écart du passage, dans un coin de pièce. Je n'aime pas

trop faire mes besoins au vu et au su de tout le monde. Là, c'est idéal, car mon bac n'est pas non plus près de mes gamelles ou du coin où je dors, ce qui est bien agréable.
Mon humaine a posé ma gamelle pour la nourriture sur un set de table en plastique. Facilement lavable, il m'évite de tacher le sol. Car je ne sais pas pourquoi, mais je ne peux pas m'empêcher de manger mes croquettes en dehors du récipient ! Du coup, mon humaine est ravie : mon coin repas reste impeccable et donne une petite touche déco à sa cuisine !
Comme beaucoup de mes congénères, j'ai une nette préférence pour l'eau courante. L'eau de ma gamelle ne me plaît plus trop au bout de quelques heures, et puis c'est tellement plus drôle de boire au robinet ! Mon humaine a eu l'idée de m'acheter une fontaine. C'est vraiment super : un petit moteur entraîne l'eau qui est versée par un petit tuyau. Du coup, je peux boire « au robinet » quand je veux, sans avoir à réclamer !

Contrairement aux chiens qui aiment bien avoir leur coin à eux pour dormir, nous, les chats, avons tendance à pratiquer le couchage alterné. J'ai

un petit panier en mousse posé par terre, mais je ne suis pas fan de cette solution : j'ai été y dormir quelquefois pour faire plaisir à mon humaine, mais je trouve que c'est beaucoup trop exposé pour pouvoir m'y reposer en toute sérénité. Selon l'heure de la journée, l'humeur et la présence d'éventuels intrus, je dors dans des endroits différents de la maison. Mais je préfère de beaucoup dormir au milieu des coussins du canapé, dans les replis de la couette ou carrément dans un des tiroirs du bureau… L'ordinateur, ce n'est pas mal non plus : c'est chaud et ça ronronne tout le temps !

Mon humaine m'a finalement acheté un griffoir, après avoir pesté contre moi lorsque je me faisais les griffes sur son canapé… excellente idée ! Il est en carton, se pose au sol et elle le saupoudre régulièrement d'herbe à chat, j'en raffole ! Quand le carton est usé, elle le change : du coup, j'ai abandonné le canapé… quitte à y revenir plus tard 😼 .

Herbe à chat ou herbe à chat ? Les deux !

L'appellation « herbe à chat » est employée indifféremment pour deux types de plantes très différentes, qu'il faut savoir distinguer :

Les graminées (orge, blé, avoine) sont les plus souvent utilisées comme herbe à chat. Elles sont généralement vendues en graines, ou sous forme de petits pots de plante poussée. En offrir régulièrement à son chat d'appartement lui permet de manger un peu d'herbe pour se purger. Tous les chats pratiquent cela à l'extérieur et ont besoin de le faire, même s'ils ne vivent pas dans la nature. La conséquence de cette purge est une régurgitation. Cela permet au chat d'évacuer les poils ingérés quand il se lèche.

La cataire (*Nepeta cataria*) est la plus connue et la plus fréquemment utilisée des herbes à chat. Elle s'achète la plupart du temps sous forme séchée, en petits sachets. Cette plante contient une molécule, la népétalactone, qui est une véritable drogue pour les félins. Elle serait proche du LSD, mais, contrairement à celui-ci, n'a aucun effet néfaste sur la santé du chat. Selon les chercheurs, elle déclencherait les phéromones sexuelles du cerveau des chats. En tout cas, elle rend la plupart des chats complètement fous et tout ce qui en contient reçoit instantanément leurs faveurs ! En saupoudrer sur un griffoir est donc une bonne solution pour éviter qu'un chaton se fasse les griffes sur le canapé et tenter de l'habituer à marquer son territoire ailleurs ! Toutefois, pour des raisons inexpliquées, environ 20 % des chats sont insensibles aux effets de la cataire.

miaou vous offre
cette jolie boite en DIY.
Découpez, pliez, collez
et vous aurez un joli écrin
pour mettre l'herbe à chat
ou les petits trésors
de votre matou préféré.

« La plupart des chats, lorsqu'ils sont dehors, ont envie de rentrer et vice versa. Souvent les deux simultanément. »

Dr Louis J. Camuti (1893-1981), vétérinaire américain

Le rendez-vous incontournable des amoureux des chats

DÈS MAINTENANT
un miaou tous les 2 mois !

RENCONTRES

LES CHATS PHOTOGRAPHIÉS COMME DES STARS DE CINÉMA

ARTYCHAT

ENQUÊTES

RETROUVEZ TOUJOURS VOS RUBRIQUES PRÉFÉRÉES

Pour acheter l'un des précédents numéros de miaou, rendez-vous sur **www.prismashop.fr**

Quelles races !

5 races de chats au look « sauvage »

« Dieu a inventé le chat pour que l'homme ait un tigre à caresser chez lui. » Victor Hugo ne s'imaginait pas que l'homme se prendrait ensuite pour Dieu et créerait des chats qui ressembleraient de plus en plus à des tigres ! Sa fascination pour le monde sauvage entraîne l'homme à créer des races hybrides, donnant ainsi l'illusion d'accueillir des animaux sauvages chez soi. Petite revue des races les plus lookées.

Le Bengal

Dans les années 1960, en Californie, une éleveuse de chats, Jean Mill, caresse le rêve d'unir la beauté du sauvage à la gentillesse des chats domestiques. Elle accouple donc une femelle chat-léopard d'Asie (*Prionailurus bengalensis*), un petit félin sauvage que l'on peut trouver dans une vingtaine de pays d'Asie du Sud, à l'un de ses chats de ferme noir. La portée qui naît est composée de chatons « normaux » et de chatons portant les marques du *Prionailurus bengalensis*. Elle croise donc une des femelles tachetées avec son père, pour continuer à accentuer la douceur du caractère de l'hybride. À l'université de Californie, le Dr Centerwall faisait des recherches de son côté sur l'hybridation du *Prionailurus bengalensis*, car il avait découvert qu'il ne développait pas le virus de la leucose. Il propose alors à Jean Mill des chatons pour continuer sa sélection. Pour être officiellement reconnu, un Bengal doit appartenir à la cinquième génération d'un reproducteur *Prionailurus bengalensis*.

L'Abyssin

Les origines de l'Abyssin restent floues, malgré de nombreuses recherches. En effet, malgré son nom, l'Abyssin ne viendrait pas d'Abyssinie, une ancienne contrée qui correspond aujourd'hui à l'Éthiopie, l'Érythrée, la Somalie et une partie du Soudan. Il viendrait plutôt d'Asie, selon les dernières recherches menées sur son ADN. La race a été présentée en exposition en 1871 pour la première fois et est officiellement reconnue en 1882. Des Siamois, des Sacrés de Birmanie ainsi que les Bleus russes sont sans doute partiellement à l'origine de la race. Mais, quelle que soit son origine, l'Abyssin est aujourd'hui l'une des races qui ressemble le plus aux chats représentés par les Égyptiens.

Le Toyger

Le Toyger, dont le nom est la contraction de *toy* (petit) et *tiger* (tigre), a été développé dans les années 1980 et 1990 par la fille de Jean Mill, l'éleveuse à l'origine du Bengal. Judy Sudgen constate que son chat, Millwood Sharp Shooter, possède deux spots de marque tabby sur la tempe. Elle pense alors pouvoir développer, à partir de cette caractéristique, une race de chats qui porterait les mêmes marques que les tigres. Les deux chats fondateurs de la race Toyger sont un gouttière, Scrapmetal, et un Bengal à ossature robuste, Millwood Rumpled Spotskin. En 1993, Judy importe Jammu Blu, un chat des rues du Cachemire, porteur de caractéristiques intéressantes.

Le Mau

Le Mau égyptien, dont la robe tachetée et la marque frontale en forme de « M » sont si facilement reconnaissables, apparaît sur des peintures murales égyptiennes remontant à la XVIIIe dynastie, il y a 2500 ans. Mais il faut attendre le XXe siècle pour que ce chat antique soit redécouvert ! Ce n'est en fait que dans les années 1950 qu'une princesse russe en exil, Natalia Troubetskoï, découvre ce chat à Rome. Elle tombe amoureuse de la race et décide de la sauver de l'extinction qui la menace dans son pays d'origine. Elle commence son élevage avec deux chats, Gregorio, un mâle noir, et Lulu, une femelle tachetée d'argent. Plus tard, Natalia Troubetskoï utilise des contacts diplomatiques pour augmenter son pool génétique en important d'autres chats du Moyen-Orient. Sa première portée naît en Italie en 1953, suivie d'une seconde en 1954.

Le Savannah

Le Savannah est un chat issu de croisements entre un chat domestique et un serval. Le serval est un félin sauvage de 15 kilos environ qui cohabite bien avec l'homme. Dans certaines parties d'Afrique, on peut voir des servals vivre dans des milieux ruraux. Le but du programme d'élevage du Savannah est de produire une race de chat domestique de grande taille, qui reflète les caractéristiques du serval. Le premier Savannah connu est né le 7 avril 1986 lorsque la chatte domestique de Judee Frank a donné naissance à un chaton engendré par un serval.

Enquête dans l'assiette

Mon chat est-il trop gros ?

Si l'obésité est le mal du siècle chez les humains, elle l'est aussi chez les chats. Près de la moitié des chats sont trop gros, ce qui entraîne de nombreuses pathologies. Mais ce fléau de plus en plus présent chez les félins est très souvent sous-estimé par leurs humains. Comment déterminer le poids idéal de son chat ? Comment le nourrir ? Comment le faire maigrir ? Petit point sur la question.

Comme chez les humains, l'obésité chez le chat n'est pas seulement une question de look. Et ce n'est pas non plus uniquement une question d'alimentation. De nombreux facteurs entrent en compte et peuvent rendre difficile un programme de perte de poids. Mais, quelle que soit la méthode choisie, se rapprocher le plus possible du poids idéal est un objectif de santé important pour votre chat, à tout âge.

L'obésité, c'est quoi ?

L'obésité se caractérise par un excès de poids, qui peut considérablement varier selon les chats et leur race. Celui-ci est la conséquence d'un déséquilibre entre l'apport en calories de la nourriture et la dépense énergétique du chat. Les chats obèses représentent 35 à 50 % de la population féline et ce chiffre a presque doublé depuis une dizaine d'années. Un chat est en surpoids lorsque son poids est supérieur de 15 % à son poids idéal. L'obésité correspond à une surcharge pondérale de 30 %. Comme chez l'humain, l'obésité peut entraîner de sérieux problèmes de santé (arthrose, diabète...).

Comment savoir si mon chat est obèse ?

Il n'existe pas de poids « idéal » chez le chat : un petit gabarit peut peser 3 kilos, quand le Maine coon peut afficher jusqu'à 10 kilos sur la balance ! Le meilleur moyen de savoir si votre chat est en surpoids est de l'observer : si vous posez vos mains de part et d'autre de son corps, vous devez, en appuyant très légèrement, sentir ses côtes. Debout, vous devez pouvoir observer un rétrécissement entre le ventre et le bassin. Enfin, si votre chat saute avec difficulté sur le canapé, voire n'y arrive plus ou ne peut plus faire sa toilette et se lécher partout, c'est qu'il est trop gros !

VOTRE CHAT A-T-IL UN SCORE CORPOREL IDÉAL ?

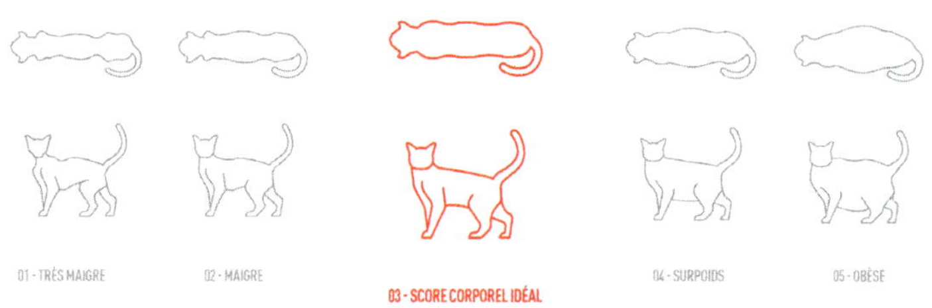

Facteurs de prédisposition

Il n'existe pas, a priori, de facteurs génétiques prédisposant le chat à l'obésité. En revanche, certains chats sont tout à fait capables de réguler leurs repas et conservent donc un poids stable, tandis que d'autres sont de vrais goinfres : tous ne peuvent donc pas avoir des croquettes à volonté ! La stérilisation est un facteur favorisant l'obésité : les changements hormonaux modifient le sentiment de satiété et augmentent donc la prise de nourriture. Les mâles sont un peu plus touchés que les femelles. Enfin, certains problèmes de santé et médicaments entraînent une prise de poids.

Facteurs environnementaux

L'un des principaux facteurs d'obésité chez le chat est l'inaction : les chats d'appartement ou qui ne sortent pas sont souvent plus touchés que les autres. Les matous qui doivent partager leur espace avec des congénères également. Le type de nourriture influe bien sûr sur la prise de poids : en soi, aucune alimentation n'est néfaste en elle-même (croquettes, pâtée, ration ménagère, BARF…), mais c'est la présence plus ou moins importante de gras dans celle-ci qui va jouer. De plus, certaines marques d'alimentation peuvent être imprécises dans leurs indications et/ou conseiller de distribuer des quantités trop importantes.

Les humains sont, parfois bien malgré eux, responsables de la prise de poids de leur animal. En effet, s'il apparaît évident qu'un propriétaire de chat peut donner trop à manger à son chat pour « lui faire plaisir », le gâter, ou encore parce que cela représente un moment privilégié entre eux, parfois les choses sont plus compliquées. Les chats apprécient les petits repas, plusieurs fois par jour, dans le calme. Si un chat est nourri matin et soir en fonction des horaires de la famille et qu'il doit manger dans la cuisine pendant l'ébullition du petit déjeuner et du dîner, il peut développer un stress et se jeter sur la nourriture.

Quelle alimentation lui donner ?

Tout d'abord, il convient de se méfier des aliments « light » vendus dans le commerce. Selon une étude réalisée aux États-Unis, sur 93 aliments, les chercheurs ont constaté que plus de la moitié présentait un apport calorique supérieur au maximum autorisé.

Le chat a besoin d'un aliment moins calorique (pauvre en lipides) et riche en fibres, ce qui permet le sentiment de satiété. Sa nourriture doit également contenir les micronutriments nécessaires et être très appétente. Il est donc indispensable de consulter votre vétérinaire pour trouver la bonne alimentation qui permettra au chat de maigrir, mais qui lui apportera également tous les nutriments dont il a besoin. La phytothérapie peut être une aide : le guarana, le caralluma et l'olivier ont de bons résultats dans le cadre d'une perte de poids. L'alimentation ménagère est une excellente solution, à condition d'être suivi par un vétérinaire qui calcule avec précision les apports nutritionnels.

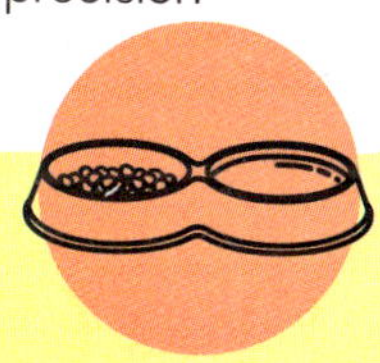

Le « bidon qui pend »

On entend fréquemment l'idée suivante : les chats qui ont la peau du ventre qui pend sont forcément des chats trop gros. Ils auraient acquis ce surplus de graisse à la suite d'une stérilisation. C'est un peu plus compliqué que cela. Ce « ventre qui pend » est en fait ce que l'on appelle un « pannicule adipeux », une zone de stockage du gras. Cette poche peut apparaître plus importante si le chat est un peu trop gros, ou s'il a perdu du poids : comme chez les humains, après un régime, les tissus peuvent se relâcher. Ce relâchement peut également apparaître après une stérilisation. Enfin, cette zone de stockage, présente chez tous les félins, petits et grands, peut être plus ou moins visible selon les chats et les races. Si vous percevez cette poche de graisse sur votre chat, ce n'est donc pas obligatoirement le signe d'un surpoids, mais c'est à surveiller…

Comment faire maigrir mon chat ?

Tout d'abord, ne pas penser que votre chat ne vient vous voir QUE pour réclamer de la nourriture ! Il peut miauler et se rapprocher de vous pour simplement passer du temps avec vous. Par ailleurs, tous les propriétaires de chats le savent : les matous peuvent développer une capacité de nuisance inépuisable quand ils ont faim ! Il vous faudra vous armer de patience et de zénitude dans les premiers temps pour ne pas craquer devant les sollicitations plus ou moins bruyantes de votre minet ! **Consultez votre vétérinaire pour déterminer le poids idéal à atteindre** et mettre en place un régime adapté à l'âge, au sexe, à la condition physique… de votre chat. Pesez systématiquement les croquettes pour être sûr de donner exactement la quantité nécessaire. Fini le « grosso-modo » ! Pour les chats qui ne sortent pas, le moment du repas est le point d'orgue de leur journée : ils ont peu de sollicitations et doivent trouver de l'intérêt à ce moment. Une bonne solution est de leur proposer des croquettes dans un jouet interactif : labyrinthe, balle avec des trous, etc. Le minet pourra ainsi passer du temps à « chasser » sa nourriture et sera ainsi stimulé. Certains jeux peuvent obliger le chat à faire de l'exercice, ce qui permet de joindre l'utile à l'agréable. Car, comme pour les humains, la perte de poids passe obligatoirement par de l'exercice physique. Vous devrez donc inciter votre chat à bouger plus, en jouant avec lui.

Tiddles et Himmy

Pendant plusieurs années, Tiddles a été le plus célèbre des chats obèses d'Angleterre. C'était un chat errant recueilli en 1970 par la dame pipi de la gare de Paddington, à Londres. Tiddles a vite conquis le cœur des employés de la gare comme des voyageurs de passage. Chacun lui apportait (ou lui envoyait pas la poste) des friandises, qu'il s'empressait de déguster… Jusqu'à peser 14,5 kilos. Il est malgré tout parvenu jusqu'à l'âge de 13 ans, ce qui n'est pas si mal. Le record du plus gros chat du monde est détenu par feu Himmy, un chat australien qui pesait plus de 21 kilos et avait un tour de taille de 86 centimètres ! Himmy devait être transporté en brouette… Mais ce pauvre chat détenait ce triste record à cause d'une maladie, et non à cause de son appétit féroce. Depuis plusieurs années, le Guinness n'accepte plus d'enregistrer de records de chats obèses pour éviter que des propriétaires peu scrupuleux engraissent leur pauvre bête pour gagner…

L'avis des expertes

Charlotte Greff,
agronome spécialiste en nutrition animale, formulatrice d'aliments petfood

miaou : Pour faire maigrir son chat, suffit-il de lui donner de plus petites portions ?

Charlotte Greff : Non, pour faire maigrir un chat, il vaut mieux éviter d'uniquement réduire la quantité, car en distribuant moins, on donne effectivement moins de calories, mais aussi moins de tous les nutriments essentiels.

Le tout peut être préjudiciable à une nutrition optimale, voire à sa bonne santé. Mieux vaut donc vérifier les apports de l'aliment et si besoin changer la nourriture pour une alimentation moins calorique, formulée pour la perte de poids.

De plus, en réduisant les quantités, on risque de frustrer le chat, voire d'engendrer des troubles du comportement et du mal-être. Faire maigrir son chat s'il est trop gros demande un vrai accompagnement nutritionnel par un professionnel qui pourra conseiller des pratiques et des aliments permettant une perte de poids sans frustration. Cela requiert également un certain investissement de la part du propriétaire, pour inciter son chat à bouger plus, voire à s'alimenter différemment pour favoriser son bien-être.

miaou : On entend parfois dire que les chats sont trop gros à cause des croquettes, qui seraient trop riches. Qu'en pensez-vous ?

C. G. : C'est en partie vrai, et de plus en plus souvent. Les croquettes sont des aliments secs très concentrés en énergie. Il en faut souvent peu en volume pour nourrir un chat (autour de 50 grammes par jour pour un chat de 4 à 5 kilos adulte stérilisé). Ce sont de plus des aliments très appétents et formulés pour être appréciés des chats. Les tendances actuelles de formulations de croquettes sont de plus en plus caloriques. Il est ainsi parfois difficile pour nos chats de se réguler avec des croquettes souvent très grasses et en plus très appétissantes.

En tant que propriétaire, nourrir nos animaux est l'un des plus beaux actes d'amour quotidiens. Nous cherchons donc à leur donner le meilleur et à ce qu'ils mangent avec plaisir leur repas, et c'est normal. Parfois hélas, les propriétaires engendrent une surconsommation (et donc le surpoids et l'obésité) chez leurs animaux : en changeant régulièrement d'aliment pour chercher des saveurs nouvelles, en choisissant des aliments très appétents et très caloriques (gras), en s'inquiétant à chaque baisse d'appétit ou en cherchant à ce qu'ils prennent plus de plaisir à leur repas avec des ajouts (thon, jambon, huile de poisson, etc.), ou en donnant des friandises sans tenir compte de leur surplus calorique…

Bien nourrir son animal et lui faire plaisir reste possible : la pâtée, par exemple, a l'avantage d'apporter du volume et du plaisir aux repas sans trop de calories. Les courgettes peuvent être ajoutées sans risque (de 50 à 80 grammes par jour, cuites, coupées en petits morceaux). Du yaourt nature 0 % est souvent très apprécié des gourmands et peu calorique.

Claire Marion, vétérinaire nutritionniste

miaou : Pourquoi faut-il mettre un chat trop gros au régime ?

Claire Marion : Le surpoids est un problème de santé majeur chez nos animaux à quatre pattes, et notamment chez les chats : environ 40 % d'entre eux seraient en surpoids ou obèses ! Malheureusement, la problématique du surpoids va bien au-delà d'une simple considération esthétique. Les conséquences médicales sont en effet bien réelles et peuvent altérer considérablement la qualité de vie de l'animal.

Parmi les conséquences pathologiques du surpoids ou de l'obésité, on va trouver :

- **des difficultés de toilettage, voire des troubles cutanés :** présence de squames, peau irritée, bourres de poils, arrière-train souillé ;
- **des pathologies endocriniennes, et notamment le diabète :** un chat obèse a trois à quatre fois plus de risque de développer un diabète ;
- **un plus grand risque de développer des pathologies urinaires :** cystites, cristaux et calculs.
- **des difficultés locomotrices :** diminution de l'agilité et des jeux, rupture des ligaments croisés, majoration de l'arthrose. En effet, si on comprend aisément que le surpoids majore le travail des articulations, il entraîne également la production de cytokines inflammatoires, c'est-à-dire des petites molécules qui vont venir s'ajouter à celles déjà présentes en cas d'inflammation liée à l'arthrose ! C'est donc un cercle vicieux !
- **Sans oublier la plus grande difficulté d'examen médical par un vétérinaire** (palpation abdominale rendue souvent complexe chez un individu trop gros), et la majoration des risques anesthésiques en cas de chirurgie !

Surpoids et obésité diminuent ainsi la qualité de vie de l'animal, augmentent le risque d'apparition de maladies, et réduisent donc son espérance de vie.

miaou : On dit qu'il est très difficile de mettre un chat au régime, est-ce toujours le cas ? Y a-t-il des astuces incontournables ?

C. M. : La mise en place d'un régime est effectivement un challenge chez le chat, car c'est un animal qui fait de nombreux petits repas dans la journée, et qui souffre rapidement de frustration lors de rationnement. Sans un accompagnement adapté, il est quasiment impossible de mettre son chat seul au régime ! Un chat qui a faim peut devenir agressif et voleur, ce qui conduit souvent les propriétaires à abandonner toute idée de perte de poids chez leur animal.

Avec les bons outils et quelques astuces, il est néanmoins tout à fait possible de faire perdre du poids à son chat : il faut être conscient qu'un régime se fait sur plusieurs semaines, voire plusieurs mois, se montrer rigoureux et motivé, et surtout faire un suivi vétérinaire régulier pour évaluer la perte de poids et adapter la prise en charge au cours du temps.

Tout d'abord, il faut choisir le bon aliment, à savoir un aliment hypocalorique, mais dont la teneur en nutriments (protéines, vitamines, acides gras essentiels) est adaptée à la mise en place d'un régime, sans entraîner de perte musculaire ni de carences. Les quantités doivent être calculées strictement, et l'alimentation fractionnée sur la journée : si le chat apprécie d'avoir de la nourriture à disposition plutôt que deux repas dans la journée, cela ne signifie pas « à volonté » ! Attention également aux friandises, qui majorent l'apport calorique quotidien. On estime que 15 grammes de fromage apportent à un chat l'équivalent en calories de deux hamburgers pour un humain !

Il serait préférable que tout ou au moins une partie de la ration soit sous forme humide (sachet fraîcheur, mousse, etc.), car ces aliments sont riches en eau (70 % environ contre 10 % pour les croquettes), et la satiété sera donc plus facile à atteindre ! Pour l'améliorer, il est également possible de proposer aux chats des légumes : certains sont friands d'asperges ou de melon, mais le légume souvent très apprécié par nos petits félins est la courgette ! En la coupant en petits dés, plus ou moins de la taille d'une croquette, et en l'arrosant d'eau bouillante pour obtenir une cuisson *al dente*, elle est souvent acceptée en quelques jours et peut ensuite être proposée en plus grande quantité (seule ou mélangée à de la pâtée) afin de rassasier le chat.

Un chat mis au régime ne devrait plus manger dans une gamelle, car le risque de consommation trop rapide est majeur. De nombreux outils existent pour rendre l'accès à la nourriture à la fois plus complexe et plus ludique : gamelle antiglouton, plateau de jeu interactif, souris dans laquelle des croquettes peuvent être insérées, cylindre que le chat fait rouler pour faire tomber les croquettes, etc. Il est tout à fait possible de construire certaines choses soi-même et les exemples sont nombreux sur Internet : en s'aidant de bacs à glaçons, boîtes à œufs, pots en verre fixés au mur, etc.

Dernier point : ne pas oublier l'exercice physique ! Le régime sera plus facile si le chat a un accès extérieur (sous réserve qu'il n'aille pas se nourrir chez les voisins !), mais il est tout à fait possible de faire faire du « sport » à son chat en intérieur : jeux réguliers (il faut jouer avec son chat, et pas seulement lui laisser des jeux par terre !), arbre à chat, escaliers à descendre et remonter plusieurs fois par jour...

« Il suffit de
croiser son regard avec
celui d'un chat pour mesurer
la profondeur des énigmes que
chaque paillette de ses yeux
pose aux braves humains
que nous sommes. »

Jacques Laurent

Chats du monde

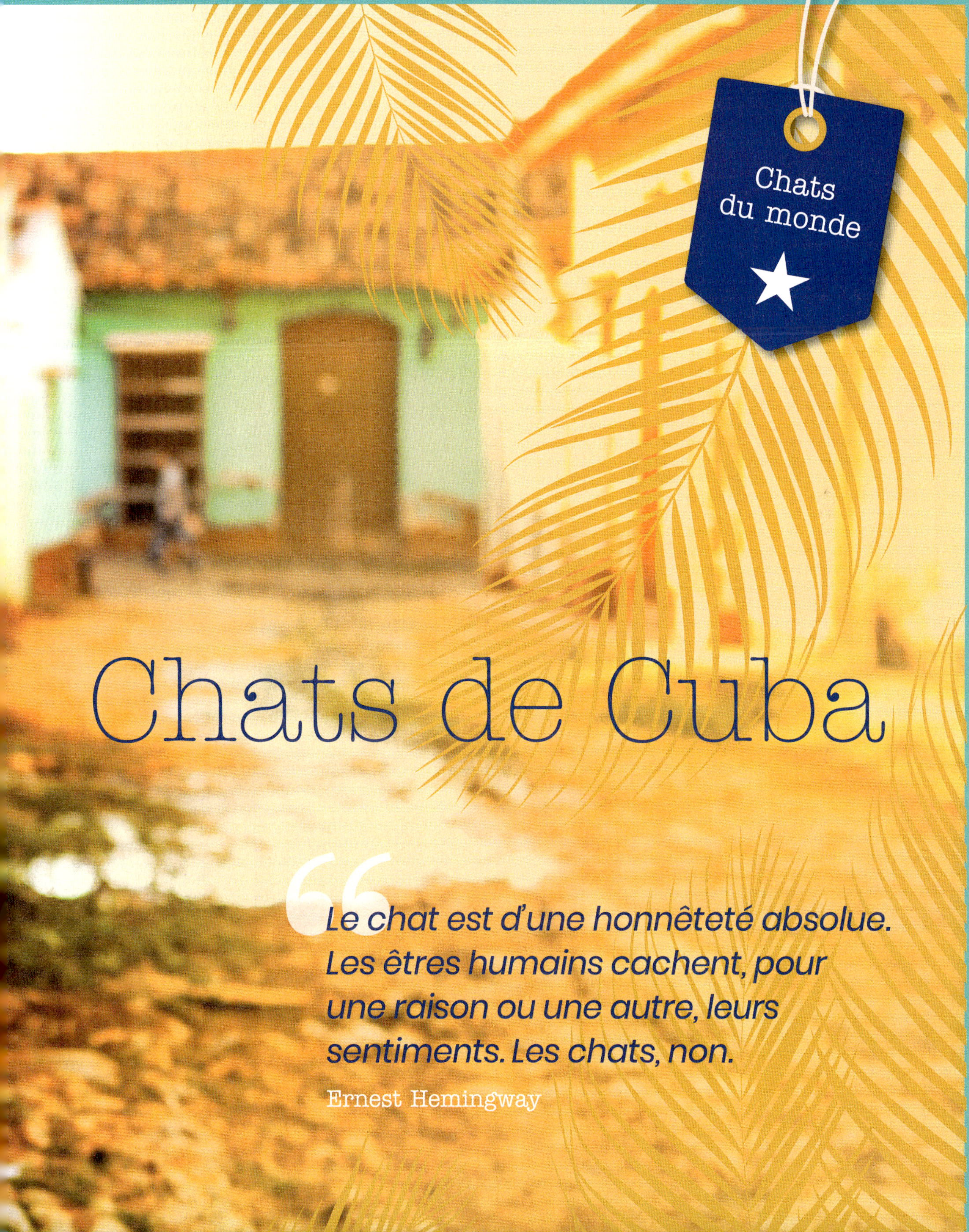

Chats de Cuba

Le chat est d'une honnêteté absolue. Les êtres humains cachent, pour une raison ou une autre, leurs sentiments. Les chats, non.

Ernest Hemingway

Chats errants de La Havane

La Havane abrite de nombreuses colonies de chats errants, car à l'exception du quartier La Habana Vieja, le centre historique, l'État ne prend pas en charge leur gestion. Il existe peu d'associations de protection animale, et elles sont particulièrement démunies. Ce sont donc souvent les habitants qui, à leur niveau, s'occupent des matous des rues.

Peu d'aides

Quelques associations étrangères (Canada, Belgique...) proposent des campagnes de stérilisation des chats errants. Malheureusement, la plupart des Cubains sont assez réticents à l'idée de faire stériliser les animaux.

Première loi

Il y a un an, la première loi pour la protection des animaux a été passée à Cuba.
Le nouveau décret, publié en Conseil d'État, précisant notamment que « le bien-être animal et [le] respect des animaux est une exigence de notre société » et que l'objectif est de parvenir à « une relation harmonieuse entre les êtres humains et les autres espèces, comme condition indispensable à l'existence de tous ». Les animaux doivent être « soignés et protégés par l'homme », précise le décret.

Chats en vitrine

Les chats du centre historique (comme ici, sur la plaza de Armas) de La Havane se portent plutôt bien. En effet, ils sont mieux lotis que les matous des quartiers qui ne sont pas touristiques et restent hors de la vue des visiteurs étrangers.

La vigie

Depuis la célèbre promenade du Malecón, ce chat observe La Havane.

Les chats de la Finca Vigia

La Finca Vigia (ci-contre et ci-dessous) a été la demeure d'Ernest Hemingway à Cuba pendant un peu plus de vingt ans. Dans cette magnifique demeure, à quelques kilomètres de La Havane, Ernest Hemingway a accueilli de nombreux animaux. Ces tombes sont celles de ses chiens enterrés dans le jardin. Ses nombreux chats n'ont pas eu de sépultures, mais n'en étaient pas moins adorés par l'écrivain.

La belle vie à Trinidad

Même si les chats n'ont pas toujours la vie facile à Cuba, ils peuvent toutefois bénéficier d'un climat très clément sur toute l'île et d'un environnement sûr dans la ville de Trinidad. La cité est en effet, contrairement à La Havane, presque entièrement piétonne. Aucun risque, donc, d'une rencontre fatale avec une Cadillac, si belle soit-elle !

Rroû

Un chaton devant la caméra

miaou a été invité sur le tournage de *Rroû* (titre provisoire du film), l'adaptation du roman éponyme de Maurice Genevoix. L'occasion de découvrir que sur ce tournage, tout le monde est aux petits soins pour les animaux, incontestablement les vraies vedettes du film ! Interview croisée du réalisateur Guillaume Maidatchevsky, de l'imprégnatrice Muriel Bec et de la jeune actrice Capucine Sainson-Fabresse.

miaou : Adapter *Roû*[1] de Maurice Genevoix est un projet qui colle à votre univers[2] : vous aimez l'idée de sublimer l'animal dans la nature ?

Guillaume Maidatchevsky : Cela correspond à mon univers et en même temps, c'est un film très vrai. Je suis vraiment ancré dans le réel, même si je transpose le roman dans une histoire assez universelle. C'est important pour moi de partir du réel, il faut que ce soit crédible dès le départ. Dans le film, une enfant perd son chat, je pense que cela va résonner en beaucoup d'enfants et d'adultes. Cela résonne en moi parce que ça fait quinze ans que je fais des films sur la nature avec des animaux comme personnages, et non comme espèces. Pour ce film, j'ai dû pour la première fois travailler avec un personnage humain, ce qui est un vrai défi pour moi. Mon expérience fait que j'arrive à entrer en empathie avec l'animal et à plus ou moins comprendre ce qu'il a dans la tête. Maintenant, mon travail est aussi de rentrer dans la tête du comédien, de la comédienne, de capter son émotion et de l'utiliser pour servir le film.

1. Sortie prévue début 2023.
2. Guillaume Maidatchevsky a réalisé le film *Aïlo, une odyssée en Laponie* et de nombreux documentaires animaliers.

miaou: Muriel, avez-vous choisi les chatons acteurs avec Guillaume ou lui avez-vous fait des propositions?

Muriel Bec: C'est moi qui choisis les individus. Je prends en compte le cahier des charges donné par le réalisateur. Pour ce tournage, il s'agissait de chatons tigrés, ce qui est tout à fait basique. Le plus compliqué est de trouver des chats qui se ressemblent dans la couleur et le pelage, il n'y a pas deux chats tigrés exactement de la même façon. Puis il faut qu'ils continuent à se ressembler en grandissant. C'est un vrai casting.

miaou: Pour ce tournage, le chat est présent à trois âges: 2 mois, 6 mois et 9 mois. S'agit-il de trois paires différentes de chatons ou toujours des mêmes chatons?

Muriel Bec: Ce sont toujours les mêmes chatons qui grandissent au fil du tournage et qui arrivent à l'âge que le chat est supposé avoir dans le film.

miaou: Guillaume, dans votre film, les félins sont filmés à hauteur de chat, ce qui est assez exceptionnel. Cela représente-t-il des contraintes techniques importantes?

Guillaume Maidatchevsky: Oui, mais c'est grâce à cela qu'on peut rentrer dans l'émotion. Quand je dis que je filme l'animal comme un personnage, c'est-à-dire que l'on ne filmerait pas un comédien en plongée ou en contre-plongée, mais en regard. C'est ce que j'ai voulu faire pour l'animal. Je veux filmer le chat comme un comédien ou une comédienne, à quelques centimètres du sol, donc. C'est un défi technique et narratif: arriver à joindre l'univers du chat à quelques centimètres du sol et l'univers de l'humain à un mètre et quelques.

miaou: J'ai l'impression qu'il y a peu de films avec un vrai chat comme personnage principal, ce sont souvent des animatroniques ou des images de synthèse, non?

Muriel Bec: En effet, notre film centré sur le chat va être une première. L'angle au ras du sol «à sa hauteur» permet notamment de saisir ses micro-expressions, ce qui est très impressionnant.

miaou: Muriel, comment avez-vous préparé les chats pour le film?

Muriel Bec: D'abord, il faut trouver les chats. Puis, je procède en fonction du tempérament et de la personnalité de chacun. Selon ce qui est demandé par le réalisateur, je choisis celui dont la personnalité est la plus appropriée pour chaque scène. Par exemple, pour les séquences de câlin, on choisit l'individu le plus doux et le plus calme. Pour les chats du rôle principal, il y a toujours deux chats qui se complètent: l'un est plus à l'aise avec ce qui est statique et l'autre avec le mouvement. Je ne décide pas de ce qu'ils font, je laisse s'exprimer leurs caractères. L'essentiel est d'avoir une lecture de l'individu et de sa personnalité. Il est aussi possible d'encourager les comportements qui vont dans la bonne direction avec des caresses et des récompenses.

miaou : Capucine, cela te plaît-il de tourner avec des chats ?

Capucine Sainson-Fabresse : Oui, parce que j'adore les chats. Ça se passe bien avec eux, ils sont tous mignons. Mais c'est un peu compliqué parfois. Par exemple, hier, on n'arrivait pas à faire une scène. Dans ces cas-là, on recommence et on recommence. Si vraiment cela ne fonctionne pas, on arrête complètement. Il faut vraiment s'entraîner avec les chats, et faire bien attention, car ce sont des petits chatons trop mignons.

miaou : Muriel, comment pourrait-on expliquer l'activité d'une imprégnatrice ? Est-ce du dressage ?

Muriel Bec : Pour moi, le dressage est un exercice spécifique. Ce que je fais, c'est plutôt du coaching. Mon métier consiste à coacher un animal acteur comme l'on coacherait un sportif, en m'adaptant à lui et en lui proposant un service sur mesure. Pour donner un autre exemple dans le domaine de l'acting, un coach d'acteur accompagne celui-ci pour qu'il exprime au mieux ses émotions : c'est ce que je fais avec les animaux. Il faut bien comprendre les intentions du réalisateur et amener l'animal dans la justesse.

miaou : Est-ce un travail plus difficile à mener avec certains animaux qu'avec d'autres ?

Muriel Bec : Avec les animaux sauvages, il y a d'abord une étape d'imprégnation. On demande aux animaux d'interpréter leur propre rôle. Sauf que les armes de défense des animaux sauvages sont la discrétion et la fuite, et c'est à l'opposé de ce qu'on leur demande en tournage. Mon métier consiste à leur donner envie d'agir d'une certaine façon.

miaou : Qu'en est-il du chat ?

Muriel Bec : Je n'appréhende pas le chat comme un animal domestique, car je pense que ce n'est pas du tout un animal domestiqué. On le croit, car

on a créé des races, mais dans son comportement, il est toujours libre et fait ce qu'il veut. C'est l'animal le plus complexe avec lequel travailler au cinéma. Comme le chat est un animal très commun, les gens pensent qu'ils le maîtrisent et qu'il n'a pas besoin de dressage. En vérité, mettre un chat devant une caméra, c'est contre sa nature, ce qui ne le rend pas simple à appréhender. Lorsque je dresse les chats, certains sont toujours plus réceptifs que d'autres et j'en ai qui obéissent à mes ordres, comme « assis », « couché », « stop ».

miaou : Pour un réalisateur, c'est compliqué de tourner avec des chats ?

Guillaume Maidatchevsky : Oui, nous avons trois Rroû, mais l'un d'entre eux travaille plus que les autres, car il a une palette d'émotions plus large. Certains sont plus craintifs ou joueurs par nature, lui, il peut vraiment jouer les deux. En somme, c'est pratiquement le même chat du début à la fin. Ce n'était pas une volonté de ma part, mais, c'est aussi un message important pour l'actrice, si elle sait qu'il y a plusieurs chatons, ce n'est plus pareil. On choisit les chats en fonction de leur caractère. Un chat, s'il est naturellement craintif, c'est acquis pour lui : il sait qu'il est peureux. Si nous déclenchons un petit stimulus d'angoisse, cela va décupler sa peur et cela se verra à l'image. Mais si un chat est stable et joueur par nature, je ne vais pas lui faire peur, sinon je le perds et je perds la relation que j'ai avec lui. Il ne faut surtout pas cela, sur le tournage, nous restons toujours dans la bienveillance et l'éthique.

miaou : Muriel, il y a aussi un lynx dans le film. Pouvez-vous nous en dire plus à son sujet ?

Muriel Bec : C'est une femelle, elle vient également de chez moi. Dans mon entreprise, j'ai aussi bien des chatons, des chats domestiques, que des grands félins. Elle, je l'ai eue toute petite. Elle a déjà tourné dans un autre film, mais elle est surtout très sollicitée pour des shootings de mode.

« Il faut vraiment s'entraîner avec les chats, et faire bien attention, car ce sont des petits chatons trop mignons. »

Capucine

miaou: Capucine, tu as des scènes avec le lynx?

Capucine Sainson-Fabresse: Oui, je suis rentrée dans son enclos, mais il faut qu'elle soit attachée. Elle s'est frottée contre moi, elle a ronronné, son ronronnement ressemble à une moto. Je n'ai pas peur, car je suis en confiance avec le réalisateur, avec le câble qui tient le lynx, et aussi avec le lynx un peu quand même. On fait attention si elle se met en mode prédation. Il faut avoir confiance en Muriel et son expérience, souffler et se dire que tout va bien. Le lynx est gentil, même si c'est un animal qui peut te tuer. C'est très important d'avoir confiance en l'animal.

miaou: Dans la scène où l'on voit Rroû ronronner dans les bras de Capucine, le chat semble complètement à l'aise alors qu'il n'est pas dans des conditions de détente?

Guillaume Maidatchevsky: Oui, le chat oublie les trente personnes derrière lui et vit sa vie de chat, ça fait partie de notre travail. Il n'est plus dans le côté stressant: c'est très visible quand un animal est stressé, et ça ne m'intéresse pas. Il faut sentir une sérénité dans l'animal, ce qui demande du temps. Pour cela, on se pose, on ne parle plus, l'imprégnatrice le caresse, elle lui parle doucement. À un moment, notre voix devient une sorte de mélodie pour lui et il s'endort, c'est à ce moment qu'on dit «Action!». Cela demande beaucoup de temps.

miaou: Cette scène est très réussie!

Capucine Sainson-Fabresse: Oui, il faut que les chats soient bien avec moi, c'est un peu obligé. Je peux les caresser en dehors des scènes, parce que c'est mieux s'ils sont attachés à moi. Le chien Furio, qui joue Rambo, je l'ai beaucoup caressé, mais il bave beaucoup!

miaou: Dans cette scène, le chat ronronne comme un diesel, alors qu'il y a beaucoup de personnes autour de lui!

Muriel Bec: Mon métier consiste à faire en sorte que le chat apprivoise l'espace et l'ambiance, jusqu'à l'oublier complètement. Un bon acteur gagne quand il emmène les gens dans l'émotion et dans un autre univers, quand il crée l'émotion indépendamment du contexte. C'est la même chose ici. Le chat est un véritable acteur félin. C'est à moi de l'accompagner et de le mettre en confiance, de faire en sorte que tout ce qu'il y a autour fasse partie intégrante de son environnement et qu'il se sente suffisamment bien pour exprimer ses émotions.

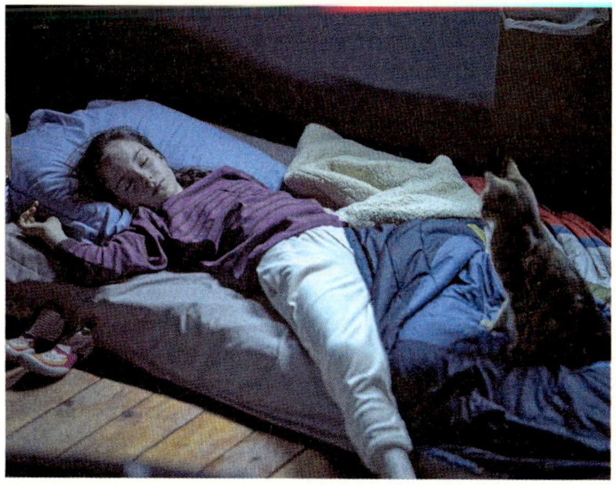

miaou : Guillaume, vous ne pouvez pas anticiper tout ce que le chat va faire. Par exemple, est-il possible qu'il prenne une direction et se retrouve caché derrière un personnage ou hors champ ?

Guillaume Maidatchevsky : Dans ces situations, soit on s'adapte et on utilise ça, c'est-à-dire qu'on va dans sa direction à lui. Soit ça ne marche pas du tout et on recommence jusqu'à ce qu'il comprenne qu'il faut aller dans cette direction ou qu'il en ait envie. Il y a plein de fois où on prépare l'animal à aller à gauche et il va à droite, et là il nous dit « C'est toi l'esclave, ce n'est pas moi », il nous rappelle que c'est lui qui nous dirige. Autant le chien va plutôt se laisser dominer, autant le chat est très ambigu. Parfois, il va avoir envie de se laisser faire, d'autres fois il dit : « Bah non, j'irai pas. » et on doit s'adapter. On ne va pas le contraindre.

miaou : Capucine, as-tu un chat à la maison ?

Capucine Sainson-Fabresse : Je nourris des chats errants là où j'habite. Je m'occupe d'eux, de notre chienne et du chat de mes grands-parents. C'est une colonie qui vit à côté de chez moi. C'est souvent ma maman qui leur donne à manger, moi j'aime mieux les regarder.

miaou : Guillaume, cela vous arrive-t-il d'arrêter une scène et de décider de reprendre à un autre moment si l'animal est trop réticent ?

Guillaume Maidatchevsky : Oui, c'est arrivé hier. Le chat ne voulait pas sauter des bras de Capucine. On ne le force pas : on adapte ou on attend le lendemain qu'il ait envie. Cela ne sert à rien de le contraindre, cela ne sert pas l'image, même si c'est frustrant pour nous.

miaou : Et cela vous arrive-t-il de changer une scène, de prendre une autre direction pour cette raison ?

Guillaume Maidatchevsky : Oui, je m'adapte constamment. On n'aura rien par la contrainte. Par contre, on aura de belles émotions si l'animal est prêt à faire et à recevoir. Bien sûr, il y a une histoire qu'il faut maintenir, on ne peut pas faire trop de pas de côté. Mais mon expérience de documentariste fait que je suis capable de m'adapter pour un rôle. Avec les animaux, il n'y a rien de binaire, des fois ce n'est pas écrit comme ça, mais l'animal refuse, alors je réécris des séquences. À la fin, on retrouve toujours le lien avec l'histoire.

miaou : Cela nécessite une grande capacité d'adaptation !

Guillaume Maidatchevsky : Oui, il y a un véritable côté chef d'orchestre. On doit diriger une équipe et en même temps gérer et rentrer dans l'empathie avec un animal. Autant les comédiens peuvent comprendre, mais l'animal, lui, s'en fiche des préoccupations des humains, et pourtant elles sont là. Il faut arriver à gérer tout ça.

« Mon métier consiste à faire en sorte que le chat apprivoise l'espace et l'ambiance, jusqu'à l'oublier complètement. »

Guillaume Maidatchevsky

« Autour de
chaque chaton semblait
flotter une poussière
de pollen, une petite
clarté blonde que le soleil
ne faisait point pâlir. »

Maurice Genevoix

À collectionner

Bien dans ma peau, bien dans mes poils !

Bien que nous appartenions à des espèces différentes, les humains et les chats partagent de nombreux rituels bien-être. Massage, méditation, sieste, alimentation, beauté, toilette… miaou vous livre dans chaque numéro des astuces sérénité à partager avec votre chat. Des rituels pour deux, afin de vous apporter, à vous et votre chat, de nouveaux petits bonheurs quotidiens à partager.
Parce que nous n'avons jamais assez de douceur dans nos vies et que nous chouchouter est essentiel.

Je nettoie les yeux de mon chat
Mon rituel beauté des yeux
Je protège mon chat des allergies
Je préviens les allergies saisonnières
miaou

Sophie & Niaaa

Le papa de Sophie & La Toche

Une histoire de famille

miaou a rencontré Sophie Forte, comédienne, humoriste, chanteuse et auteure, à l'occasion de la parution de son roman familial, *La Valise*. C'est au fond de son grenier que Sophie, la narratrice, découvre une vieille valise contenant quantité de photos familiales. Elle sera le point de départ du récit tendre et émouvant de la vie d'une famille originale… Sophie Forte raconte également l'histoire de son père, l'homme qui ne voulait pas avoir d'animaux, tombé sous le charme de La Toche, le chat de la voisine… Elle nous a également conté sa belle histoire avec Niaaa, une adorable British longhair qui l'accompagne dans toutes ses aventures.

Mes parents ont eu une histoire de famille peu banale. Un jour, j'ai récupéré une valise à la mort de mon oncle. Celle-ci contenait tout un tas de photographies de gens, certains que je connaissais, et d'autres pas. Je me suis amusée à écrire des petits portraits de chaque personne photographiée et je me suis rendu compte que c'était presque un roman, cinquante ans d'une histoire de famille… Ces portraits sont donc devenus un livre, écrit avec le cœur.

La Toche et papa

Mon père est le héros de ce roman, autour de lui gravitent de nombreux personnages… La Toche en fait partie. Elle s'appelait en fait Sibelle, c'était une jolie chatte qui appartenait à ma professeure de français qui était aussi ma voisine. Nous avions un jardin mitoyen, séparé par un mur. Un soir, j'étais allée me coucher et j'ai entendu des miaulements sur mon balcon. J'ai ouvert la porte et je suis tombée sur ce Siamois magnifique. Elle est entrée dans ma chambre et s'est roulée à mes pieds. Je l'ai gardée pour la nuit. Le lendemain matin, mes parents m'ont trouvée au lit avec elle.

Nous avions déjà eu un animal dans la famille, le canard Octave, dont mon père ne voulait pas, et que j'avais ramené à la maison quand il n'était qu'un caneton. Nous l'avions gardé, et mon père en était devenu fou. Il avait malheureusement disparu au bout d'un an. Mon père en avait tellement souffert, qu'il ne voulait plus s'attacher à un animal. J'ai donc dû remettre la chatte dans le jardin. Je me suis dit qu'elle allait partir. Mais le soir, elle m'attendait, alors je l'ai nourrie, je l'ai planquée et j'ai dormi avec elle. Mes parents ont hurlé quand ils l'ont vue…

Une chatte bien têtue !

Le lendemain, ma professeure de français, Mlle Carrier, nous a demandé de raconter une histoire autour d'un animal. J'ai d'abord pensé à Octave, mais c'était tellement douloureux que j'ai choisi de présenter ma nouvelle rencontre. À la fin du cours, Mlle Carrier est venue me voir et m'a annoncé que c'était son chat !

Je me suis effondrée, mais j'étais soulagée... Je suis rentrée chez moi et ai trouvé la chatte dans notre jardin, je l'ai attrapée et elle s'est laissée faire. Me voilà partie chez ma prof. Elle m'a à peine regardée et s'est emparée aussitôt de la petite chatte. Mlle Carrier vivait avec sa maman, qui était très heureuse de retrouver son chat.

« Oh, merci Sophie ! m'a-t-elle dit. Revoici ma Sibelle ! » (que j'avais rebaptisée La Toche.) Mlle Carrier serrait la chatte dans ses bras, de peur sans doute de la perdre une nouvelle fois. Je lui ai alors fait un bisou et suis rentrée chez moi. Mais le soir même, Sibelle, avec un collier au cou cette fois-ci, se roulait à mes pieds, et je dormais à nouveau avec elle. Elle voulait être avec moi. Ce chat m'avait choisie ! On l'a ramenée trois ou quatre fois, ce cirque a duré trois semaines !

Un jour, mon père m'a dit : « Tu dois assumer et prendre tes responsabilités. Va parler à ces deux femmes. » Et il a disparu dans le salon. Je n'en revenais pas ! Ma mère m'a rassurée et m'a caressé les cheveux : « On va aller leur parler ensemble. Ce sera plus facile si je viens avec toi. »

Alors maman, la chatte et moi sommes allées voir les Carrier mère et fille pour leur expliquer que nous voulions garder l'animal. Et là encore, surprise !

Le coup de foudre

La vieille dame, qui avait certainement toujours le dernier mot, a dit, l'œil pétillant, qui rendait subitement à son joli visage un éclat de jeune fille : « Avec les animaux, c'est comme avec les humains, il y a des coups de foudre. Vous pouvez la garder. »

J'ai donc gardé la chatte, puis mon père me l'a volée, d'une certaine façon. La Toche entendait le café couler le matin et tout de suite, elle savait que

« Avec les animaux,
c'est comme avec les humains,
il y a des coups de foudre. »

papa était là. Elle sautait de mon lit, pleurait devant la porte et allait le retrouver. Je n'existais plus. Il peignait toute la journée au salon… On pouvait les voir tous deux enlacés tendrement sur le canapé, déjeuner et dîner ensemble, lui à table, elle en dessous, jouer des heures avec une boulette de papier, s'embrasser sans cesse. Il allait aussi de soi que La Toche était très admirative du travail de papa, car elle participait à la création de chaque tableau, en miaulant de plaisir au milieu des aquarelles.

Mais elle dormait toujours contre moi chaque nuit. Quand j'ai décidé de partir vivre à Paris, les parents se sont regardés, sans un mot. Et papa a finalement dit : « Bon, ben va à Paris si ça te chante, mais tu ne m'enlèveras pas ma Toche ! La petite chatte, elle ne veut pas y aller à Paris, elle veut rester avec son papa. » Et il a embrassé amoureusement La Toche, qui avait suivi toute la conversation en ronronnant allongée sur ses genoux. Elle a vécu très longtemps, jusqu'à 22 ans. Elle est partie tranquillement dans son sommeil. Elle a terriblement manqué à mon père. Sans doute allait-il la retrouver dans ses songes… La Toche était le chat de mon papa. Mon père et le chat étaient un seul et même être.

« Bon, ben va à Paris si ça te chante, mais tu ne m'enlèveras pas ma Toche ! »

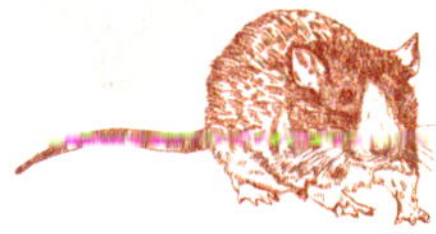

Niaaa et moi

Niaaa est mon chat depuis quatre ans et demi. J'ai la chance d'avoir un grand appartement dans le Marais, dans une vieille maison, et il y a des souris. J'en voyais souvent, mais je n'en avais pas peur. Les rongeurs ne me dérangent pas, mes filles non plus n'étaient pas incommodées… Nous ne les chassions pas, car il n'y en avait pas beaucoup. Nous ne savions pas trop d'où elles venaient. Et puis un jour, nous avons fait d'énormes travaux, et cela a bouleversé leur habitat. Soudain, toute la famille de souris se baladait partout, il y en avait des dizaines… Au bout d'un moment, mes filles ont commencé à craquer. Un jour, je dormais dans mon lit (au milieu du salon à cause des travaux) et j'ai senti un truc dans mon cou : c'était une souris ! J'ai hurlé, elle est partie à l'autre bout de la pièce. Je n'ai plus fermé l'œil de la nuit.

Amaury, un ami, est venu boire un café le lendemain et je lui ai raconté l'histoire. Il a éclaté de rire, et m'a dit : « Tu sais quoi, je ne vois qu'une solution : un chat !

– Mais… Je suis tout le temps en voyage.

– Alors tu dois déménager, si tu ne veux pas mettre des pièges…

– Je vais le trouver où, ce chat ?

– Appelle la SPA. »

La SPA m'a répondu que ce n'était pas la saison des chatons. Je leur ai dit : « C'est comme les cerises, il y a des saisons ? »

Amaury m'a alors proposé d'aller dans les animaleries du quai de la Mégisserie.

J'ai été dépitée par les tarifs prohibitifs et par la situation. Je ne pouvais plus dormir chez moi à cause des souris. Je ne voulais rentrer qu'avec un chat. J'ai réfléchi, et suis retournée dans les animaleries. Et là j'ai vu Niaaa, une toute petite chatte blanche de trois mois. Sa truffe et sa petite patte étaient posées sur la vitre. J'ai eu un flash. Une dame m'a dit que c'était une British longhair, et qu'elle était très gentille. C'était le plus cher, mais le plus joli des chatons. Elle me l'a collée dans le cou. C'était foutu. Le chaton a ronronné contre moi et j'ai fondu en larmes, je ne sais pas pourquoi... J'étais fragilisée par le manque de sommeil. Mon ami Amaury m'a regardé effaré. Je l'ai donc achetée malgré le prix, avec la caisse, la nourriture... je suis partie avec quatre énormes sacs et Amaury qui suivait derrière. Nous ramenons Niaaa (qui doit son nom à son miaulement) à la maison, elle n'était pas sauvage, et a inspecté les lieux et a attrapé une souris. Je n'ai plus jamais revu de souris dans la maison, et pourtant ce n'est pas une grande chasseuse !

Chat communautaire

Je l'ai prêtée, et elle a fait tout l'immeuble, car nous nous connaissons tous. Cela fait 32 ans que j'y habite. Quand mes voisins ont su que j'avais la bête, ils me l'ont empruntée pour chasser les souris chez eux.

C'est une belle histoire d'amour. Niaaa aime mes filles et dort avec Othilie, ma plus jeune qui a 15 ans, joue avec Nina et avec moi. Elle est comme un chien, elle me suit et fait ce que je fais, quand je mange, elle mange, quand j'écris elle est sur mon ordinateur, elle est bienveillante. J'ai l'impression qu'elle veille sur moi. Elle se laisse embrasser. Parfois je la couvre de bisous et elle ronronne gentiment.

Une fan de photos

Niaaa adore manger les photos, c'est son truc, elle en fait de la dentelle. J'avais étalé toutes les photos de la valise par terre, elle les bouffait, je la chassais, elle hurlait... Il arrive aussi que Niaaa s'attaque aux pages de mes livres de chevet ou qu'elle lacère quelques paperasses, importantes de préférence... Un jour, je piochais dans le tas de photos, comme si je tirais les cartes pour mettre de côté quelques clichés, lorsque la chatte a surgi derrière moi, j'ai entendu le bruit de ses pas rapides sur le sol, puis elle a poussé un cri victorieux, fait une sorte de glissade, les pattes de devant tendues et le reste du corps qui a suivi comme il a pu, et elle a croqué dans une photo. J'ai crié : « Lâche-la ! » Trop tard ! La bête a

mordu de ses canines féroces dans le nez de Mamy Irma. J'ai réussi à lui arracher l'œil de la gueule, mais elle s'est emparée aussitôt de mon Papy Antoine et a commencé à lui lacérer les jambes. Je me suis jetée au sol et ai réussi à lui reprendre la photo, mais, assoiffée de vengeance, elle a alors kidnappé Tante Zette et s'est enfuie avec elle dans les escaliers. «Rends-moi ça!» ai-je hurlé en la poursuivant. Ma fille Nina est sortie de sa chambre, alertée par les cris. Elle m'a demandé ce qu'il se passait et a eu pour réponse cette phrase étrange sortie de son contexte: «Niaaa bouffe Tante Zette!»

La Valise
Sophie Forte
Éditions Prisma
384 p.

Les matous rigolos de Laszlo Tibay

Laszlo Tibay, peintre et sculpteur, puise son inspiration chez les animaux… mais pas n'importe lesquels ! Ceux qu'il préfère croquer avec humour et tendresse sont les chats. Laszlo Tibay nous a accordé un entretien pour évoquer ses nouvelles expositions et son récent projet de résidence d'artiste.

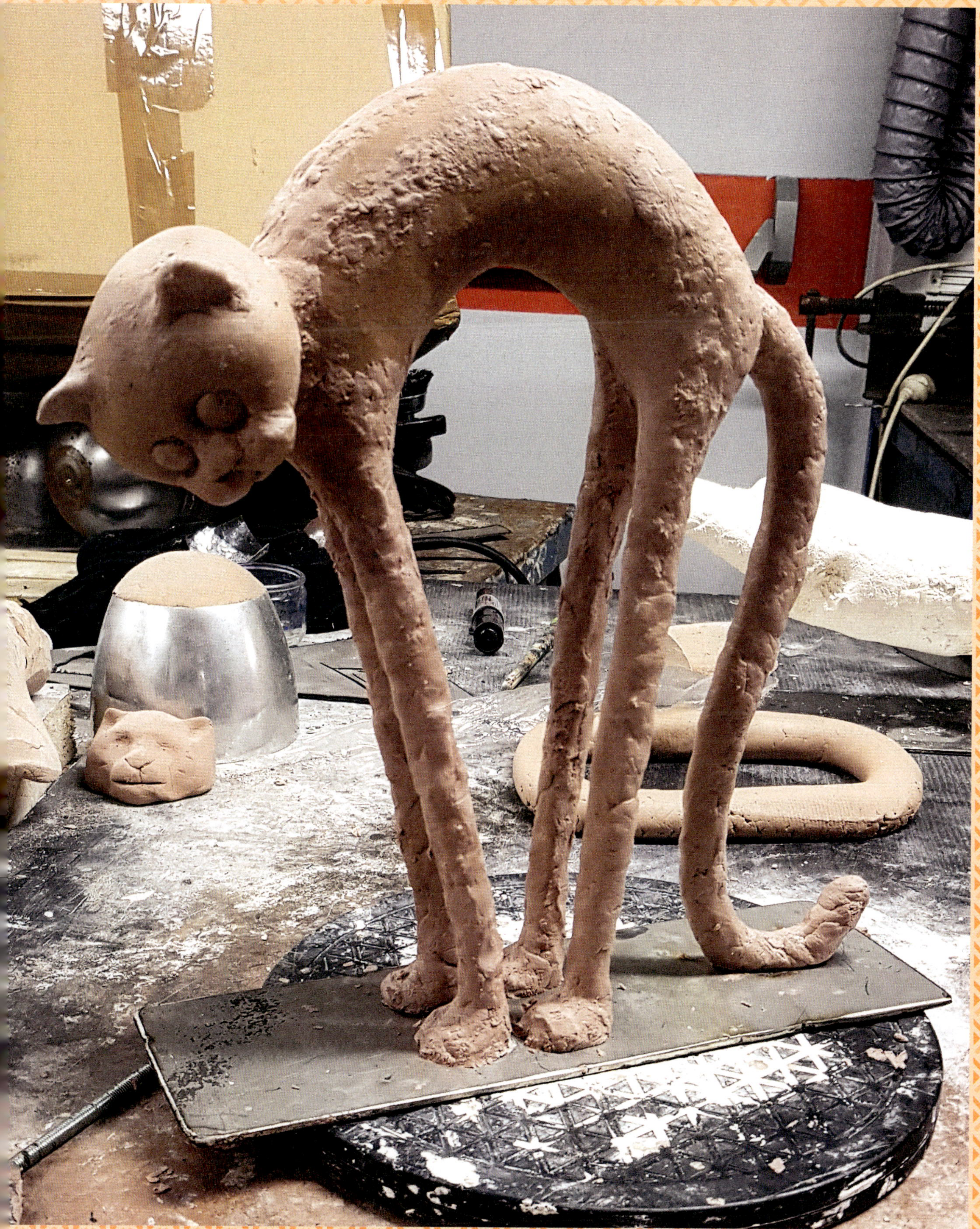

Laszlo Tibay peint, travaille la résine, la terre, le bois, le métal… et crée des animaux reflétant l'amour de l'artiste pour les chats et les chiens, mais aussi les grands félins, les gorilles ou encore les hippopotames…

miaou : Vos dessins, comme vos sculptures, reflètent bien la personnalité du chat !

Laszlo Tibay : Mes dessins sont un mélange de caricature et de poésie… Au trait, je préfère le lavis, avec ses contours doux et indéfinissables, il convient mieux à la nature de mes animaux. Je me concentre sur un trait de caractère ou des sentiments. La technique du lavis convient à merveille à mes chats…

miaou : Avez-vous un ou des chats ? Vous inspirent-ils ?

L. T. : Oui, j'ai deux chats. Un Tonkinois et une autre qui est très très jolie, noir et blanc, un Européen. C'était une petite boule de poils toute hérissée, c'est elle qui m'a donné l'idée de faire ces chats un peu hirsutes. Elle s'appelle Sacha et le Tonkinois Simba. Les chats et moi c'est une longue histoire d'amour ! On ne peut pas résister à ces animaux si précieux, malicieux et drôles… j'ai toujours vécu en leur compagnie, je les connais bien. J'adore observer les chats, j'aime leurs attitudes, leur grâce… cette façon qu'ils ont d'être indépendants…

« Les chats et moi c'est une longue histoire d'amour ! »

Ce sont des animaux nocturnes, j'envie leur paresse et leur inconscience. Quand ils sont jeunes, leur apprentissage de la chasse est tellement drôle et émouvant qu'on est étonné lorsqu'ils deviennent des chasseurs si efficaces et sans pitié, mais c'est dans leur nature. Comment pourrions-nous nous passer de leur présence si réconfortante ?

Nous avons aussi deux Bouledogues français, la mère et la fille, Julie et Lily-Rose.

Je puise aussi mon inspiration dans mon enfance: je l'ai passée dans un petit village hongrois isolé du monde, entouré de forêts de chênes, où mon père était vétérinaire… Le village se trouvait dans une zone frontalière interdite d'accès, la forêt regorgeait donc d'animaux…

miaou: Pour vos dessins, vous travaillez principalement à l'encre?
L. T.: Oui, je trouve que cela rend bien le pelage du chat, cela donne une impression de rondeur. Comme support, je choisis un carton contrecollé et une encre Rotring. J'en ai essayé beaucoup, mais c'est la meilleure, qui diffuse bien et ne change pas de couleur quand on la dilue, contrairement à d'autres encres. Au fil des années, ma technique s'est améliorée, aujourd'hui encore je découvre l'effet de diffusion de l'encre pure sur des surfaces préparées et humides. Je me suis inspiré des estampes japonaises: ma signature et les tampons sont stylisés, comme un clin d'œil à cet art.

> «On ne peut pas résister à ces animaux si précieux, malicieux et drôles…»

miaou: Pour vos sculptures, je crois que vous aimez travailler un nouveau matériau, la résine, vous trouvez cela intéressant?
L. T.: Oui, c'est une résine bicomposant que je monte sur une armature. Après vingt-quatre heures de séchage, cela devient très dur, très résistant. Ce matériau se travaille facilement et permet de faire de grands formats. Avant, je travaillais surtout la terre. Je continue toujours, mais la résine est plus facile et moins lourde aussi. En revanche, vous ne pouvez pas revenir dessus comme avec la terre. Si vous posez une boule de résine sur la table, le lendemain il vous faut une pioche pour la

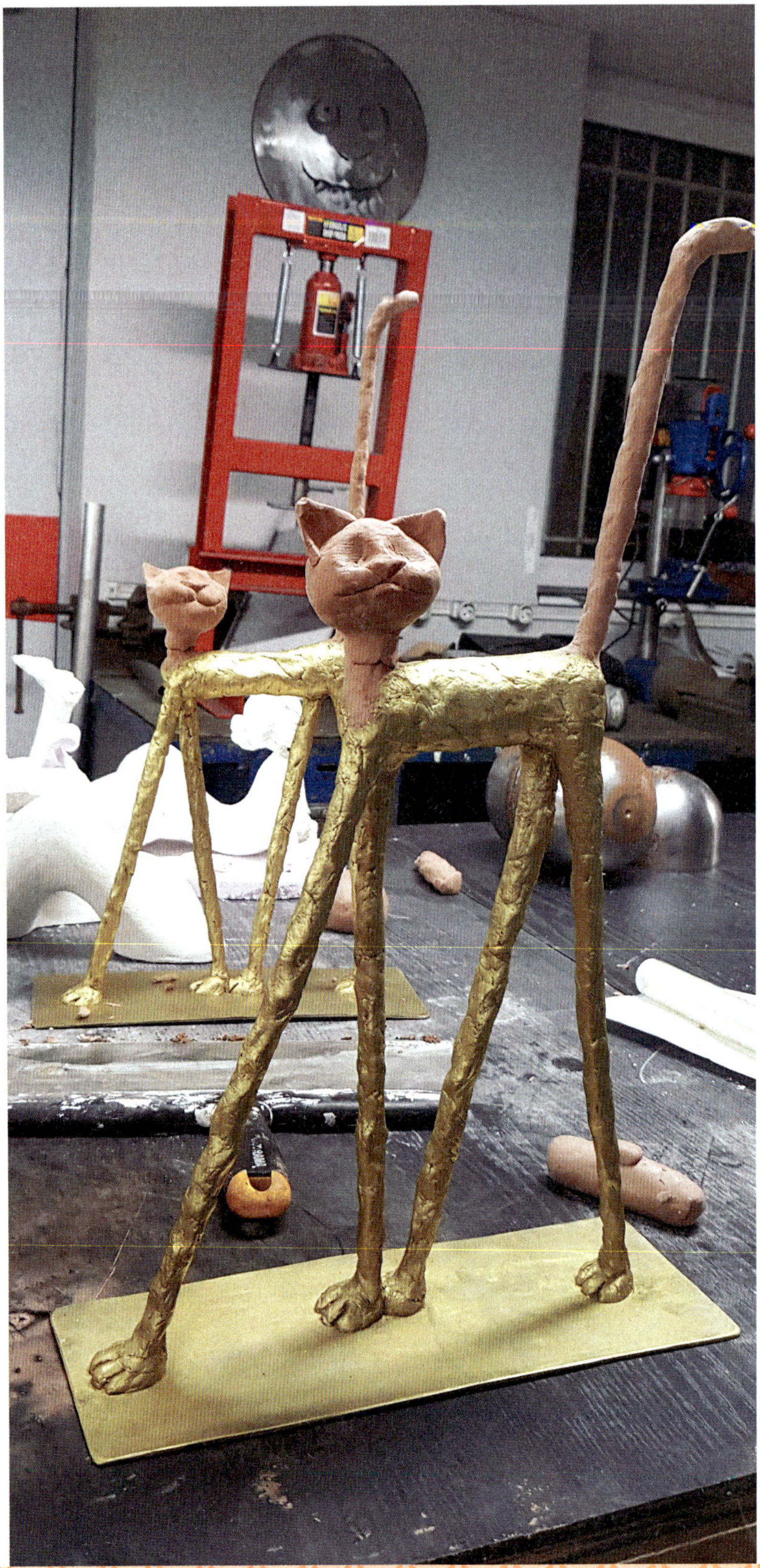

décoller ! Vous pouvez poncer vraiment très finement cette résine, la peindre avec de l'acrylique et enfin elle s'adapte bien au chat et à sa rondeur, car elle permet d'avoir un fini très lisse. Toutefois, en ce moment, je travaille sur un projet de chat qui marche, un peu à la façon de Giacometti, plus rugueux, donc.

miaou : Où travaillez-vous ?
L. T. : J'ai un atelier à Lagny-sur-Marne (mais il m'arrive aussi de travailler sur la table de la cuisine !), et je suis en train de créer un deuxième atelier en Hongrie, où j'accueillerai de jeunes artistes. C'est dans un endroit très touristique, au bord du lac Balaton, c'est vraiment paradisiaque. J'y organiserai des stages et des résidences d'artistes dans un grand espace de 200 mètres carrés avec plusieurs appartements.

« J'adore observer les chats, j'aime leurs attitudes, leur grâce… cette façon qu'ils ont d'être indépendants… »

miaou : Et où peut-on voir vos œuvres ? Où exposez-vous actuellement ?
L. T. : Je suis artiste invité permanent à la Galerie du Marais[1], et également dans la Galerie Sartoni et Cerveau[2] qui est plutôt spécialisée gravure et dessin, ils ont donc beaucoup de mes dessins en vitrine et enfin un dernier endroit, la galerie Tralal'Art[3], plutôt spécialisée Street Art. Ces trois styles reflètent bien la diversité de mes travaux.

1. Galerie du Marais 21 place des Vosges 75003 Paris
2. Galerie Sartoni et Cerveau 15 quai Saint-Michel 75005 Paris
3. Galerie Tralal'Art 142 boulevard Berthier 75017 Paris

Laszlo Tibay est né le 1er avril 1962 à Szombathely en Hongrie. Il a grandi dans un village à la nature intacte, qui a fait naître en lui sa passion pour la faune et la flore. Arrivé en France en 1981, Laszlo Tibay exerce d'abord différentes activités avant de se consacrer à plein temps à la peinture et à la sculpture en 1996. Il travaille sur différents types de supports (terre, résine, fer, bois, acier...) et puise son inspiration dans les bestiaires, mais également les contes traditionnels hongrois.

1998 • Grand marché d'art contemporain de la Bastille, Paris.

1999 • Salon des artistes naturalistes, Jardin des Plantes, Paris.

2000 • Galeries Divergence, Harmattan, Céline, Paris.

2003 • Salon nature et animaux, Paris.

2004 • Salons Paris, Rotterdam, Anvers...

2006 • Salon animalier de la Bergerie royale de Rambouillet • Salon du Patrimoine, Carrousel du Louvre

2007 • Expositions en Pologne, à Hongkong, en Russie...

2008 • Grand marché d'art contemporain de la Bastille, Paris. • Salons à Saint-Malo et Monaco

2009 • Exposition permanente à Budapest, Hongrie.

2010 • Salons à Paris, Biarritz, Saint-Malo... en Hongrie et en Autriche.

2015 • Exposition permanente à la galerie ArtClub, Paris.

2016 • Salon Expo4Art, Paris.

2017 • Marché d'art, Paris.

2018 • Expo4Art, Bruxelles.

2019 • Exposition permanente à la galerie du Marais, Paris.

La santé *au coeur de* l'humain

Décryptage et témoignages

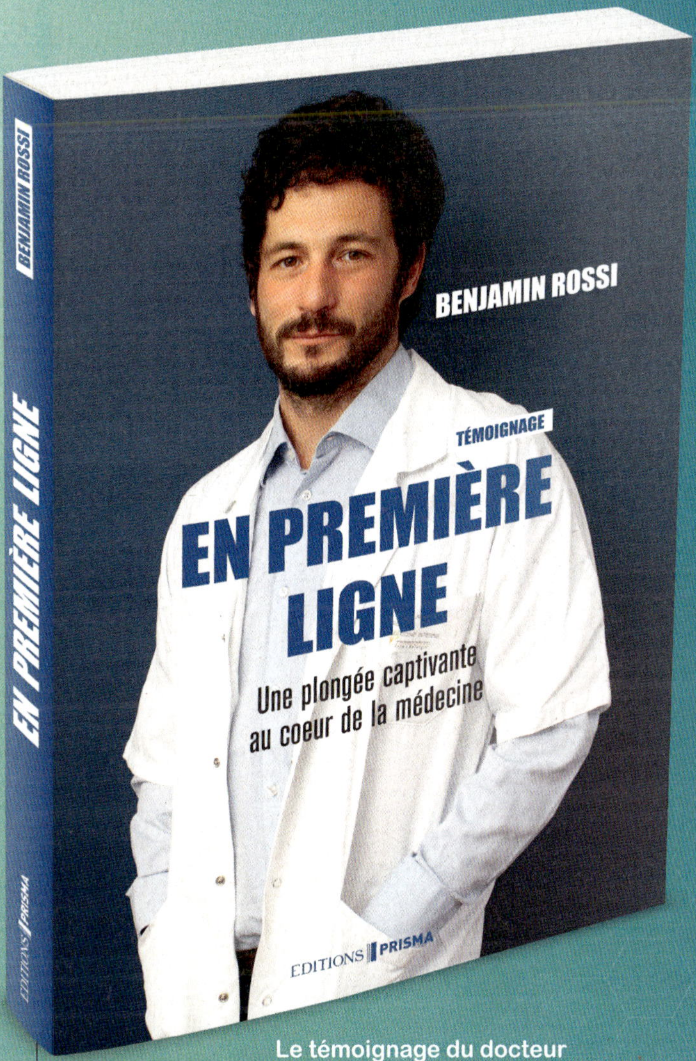

Le témoignage du docteur Benjamin Rossi sur la crise de la COVID-19 vécue de l'intérieur.

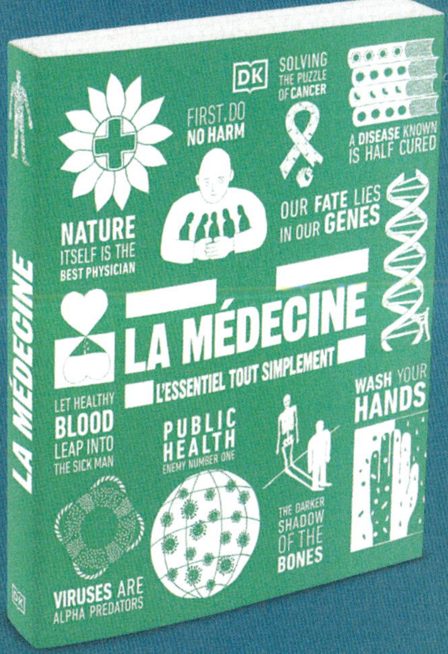

Le livre de référence sur l'histoire de la médecine, de ses origines jusqu'à nos jours.

La blogueuse Sarah Rodrigue partage son expérience sur le syndrôme prémenstruel extrême et ses conséquences au quotidien.

DISPONIBLES EN LIBRAIRIES ET EN VERSION EBOOK

Retrouvez *La médecine tout simplement* également sur www.prismashop.fr
Sur Internet, je tape : boutique.prismashop.fr/la-medecine-l-essentiel-tout-simplement

Belle plume

Joyeux miaouversaire !

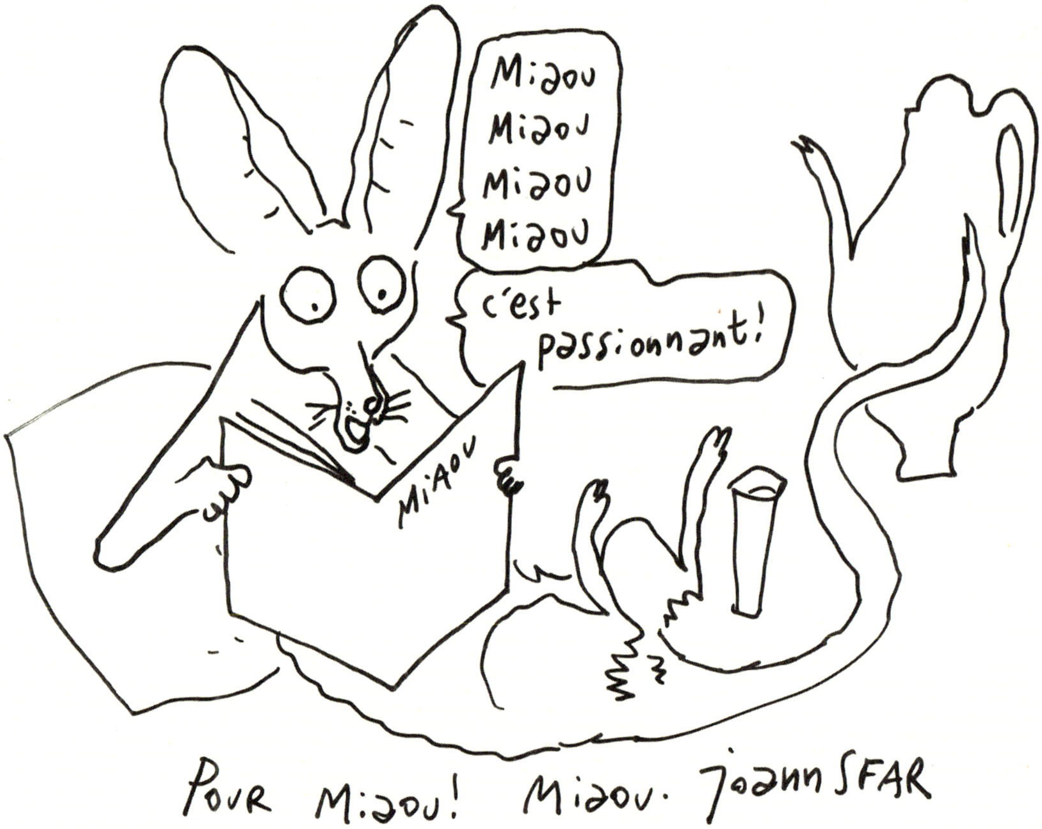

À l'occasion des vingt ans du *Chat du rabbin*, Dargaud édite l'intégrale de la célèbre série de Joann Sfar. L'occasion pour miaou de se replonger dans l'univers merveilleux du chat philosophe et d'offrir à ses lecteurs les plus belles planches de la bande dessinée.

Joann Sfar
Le Chat du Rabbin
1. La Bar-Mitsva

Joann Sfar
Le Chat du Rabbin
2. Le Malka des Lions

Joann Sfar
Le Chat du Rabbin
3. L'Exode

Joann Sfar
Le Chat du Rabbin
4. Le Paradis terrestre

Joann Sfar
Le Chat du Rabbin
5. Jérusalem d'Afrique

Joann Sfar
Le Chat du Rabbin
6. Tu n'auras pas d'autre dieu que moi

Joann Sfar
Le Chat du Rabbin
7. La Tour de Bab-El-Oued

Joann Sfar
Le Chat du Rabbin
8. Petit panier aux amandes

Joann Sfar
Le Chat du Rabbin
9. La Reine de Shabbat

Joann Sfar
Le Chat du Rabbin
10. Rentrez chez vous !

Joann Sfar
Le Chat du Rabbin
11. La Bible pour les chats

Extrait de *La Tour de Bab-el-Oued* (Tome 7)

Extrait de
La Reine de Shabbat
(Tome 9)

Extrait de *La Bible pour les chats* (Tome 11)

Neuf des onze albums de la saga du *Chat du rabbin* ont été réédités par Dargaud le 8 avril en quatre beaux livres dotés de couvertures originales en forme d'intégrale.

Recueil 1 : tomes 1 à 3, 156 p., 19,99 €.

Recueil 2 : tomes 4 et 5, 144 p., 19,99 €.

Recueil 3 : tomes 6 et 7, 144 p., 19,99 €.

Recueil 4 : tomes 8 et 9, 144 p., 19,99 €.

« J'avais un grand manteau, et là, un tout petit chaton a sauté dans ma poche, on aurait dit une petite chauve-souris toute grise. On l'a appelé Imhotep, comme l'architecte des pyramides. C'était un bébé. On l'a ramené à la maison ce jour-là et il ne nous a pas quittés. Il était là pour la naissance de nos enfants, il les a vus grandir, il a accompagné la famille. Dès que je l'ai eu, je me suis mis à le dessiner, car il avait une tête tellement étrange, qui semblait interroger. L'idée du Chat du rabbin *ne me serait jamais venue si je n'avais pas eu cet animal. »*

Joann Sfar

« Mon chat, hôte sacré de ma vieille maison,
De ton dos élastique arrondis la souplesse,
Viens te pelotonner sur mes genoux et laisse
Que je plonge mes doigts mes mains
dans ta chaude toison. »

Jules Lemaître

Actu livres

Babelio

Pour ce nouveau numéro, l'équipe miaou vous propose une sélection éclectique de livres pour tous les goûts : documentaire, roman, jeunesse... De quoi se détendre en se cultivant, en s'évadant avec un bon livre ou en se consacrant pleinement au soin de son chat. Bonne lecture !

Les Animaux au cinéma

Pauline Payen, Catherine Cordasco

JEUNESSE

Dans ce documentaire jeunesse, Pauline Payen aborde le genre cinématographique du documentaire animalier sous différents angles : historique, technique, ludique... Riche de nombreuses rubriques, d'anecdotes et d'interviews de professionnels, ce livre regroupe une sélection de documentaires articulés autour des thématiques de l'évolution du rapport homme et animal, de l'écologie et de l'art de filmer la nature. Un livre idéal pour faire découvrir les coulisses du documentaire animalier aux plus jeunes (et aux moins jeunes) !

Les Animaux au cinéma
Pauline Payen, Catherine Cordasco
L'apprimerie
40 p.

La Pause câlin miaou

UN CADEAU IDÉAL

Entre les beaux jours et les fêtes diverses et variées du printemps, ce coffret *La Pause câlin* miaou sera le cadeau idéal ! Une boisson chaude ou fraîche dans une très jolie tasse, un petit livre d'inspiration à feuilleter au jardin... en route pour une pause bien méritée et très certainement bien appréciée !

***La Pause câlin* miaou**
Le kit pour ronronner ensemble
Éditions Solar
24 p.

Les Chats dans la pop culture

Stéphane Chaptal, Claire-France Thévenon

L'importance que revêtent les chats dans nos vies se reflète par leur présence significative dans notre culture. Des mythes anciens aux contes de notre enfance, de la littérature aux dessins animés, de la publicité aux longs métrages ou aux jeux vidéo, nos amis félins sont partout ! Qu'il s'agisse d'Hello Kitty, du chat-bus de Miyazaki, de Grosminet ou du chat du Cheshire d'*Alice au pays des merveilles*, découvrez dans ce livre passionnant les histoires tragiques, douces ou comiques des chats les plus emblématiques de la pop culture.

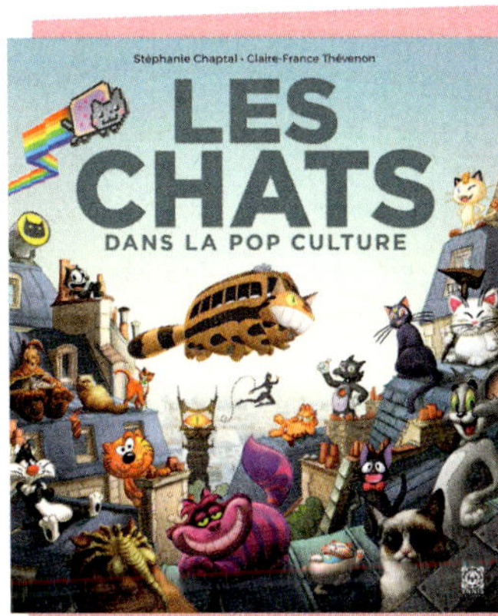

Les Chats dans la pop culture
Stéphane Chaptal, Claire-France Thévenon
Ynnis Éditions
208 p.

L'avis d'Izabulle Babelio

En découvrant le sommaire de cet ouvrage, j'ai tout de suite compris que l'éditeur avait vu très grand. (…) L'ouvrage ne se contente pas de citer les œuvres dans lesquelles se sont illustrés les chats, mais apporte également une analyse sur celles-ci au regard de notre époque.
Des experts sont également interviewés, une vétérinaire comportementaliste ou encore une archéozoologue. (…) En bref, ce livre documentaire est extrêmement complet, avec un travail de recherche des auteurs particulièrement sérieux. L'ouvrage ravira aussi bien les amoureux des chats que ceux de l'art en général.

CULTURE

Hollywood Cats

Gareth Abbott, Simon Crocker

Nombre d'animaux ont su trouver leur place dans le monde du cinéma : chiens, lions, singes, éléphants… mais parmi eux, les chats ont toujours eu une place spéciale, et c'est précisément ce que met en avant ce superbe livre d'art. Il contient une sélection de plus d'une centaine de photographies de stars du cinéma avec leurs compagnons félins, prises pendant l'âge d'or d'Hollywood. Amoureux et amoureuses de belles photos de chats, ce livre est définitivement fait pour vous !

Hollywood Cats
Gareth Abbott, Simon Crocker
ACC Art Books ; Abridged édition
128 p.

Absolument chat !
Marion Ruffié, Yoann Latouche
Courrier du livre
240 p.

Absolument Chat !

Marion Ruffié, préface de Yoann Latouche

Marion Ruffié, comportementaliste spécialisée chats, signe avec ce dernier livre un guide complet et illustré pour bien débuter la vie avec son chat ou son chaton, comprendre son comportement au quotidien et vivre en harmonie avec celui-ci. Grâce à ses nombreux témoignages, astuces et photographies, vous pourrez voir le monde à travers les yeux de votre compagnon. Vous y découvrirez les clés de communication de votre animal (langage du corps, marquages, vocalises, feulements, miaulements...) qui vous permettront de reconnaître ses besoins. À mettre absolument entre les mains de qui veut adopter un chat !

PRATIQUE

Soins naturels pour mon chat

Françoise Heitz

Écrit par une vétérinaire spécialisée en médecines alternatives, cet ouvrage propose un panorama complet des méthodes naturelles pour soigner son animal : l'homéopathie et l'aromathérapie bien sûr, mais aussi des moins connues comme la phytothérapie, la gemmothérapie ou les élixirs floraux. Ce guide regorgeant de conseils indique aussi comment soigner les maux les plus courants des félins : parasites, troubles digestifs, troubles urinaires et rénaux, problèmes cutanés. Une bible illustrée à placer dans les mains de tous ceux qui souhaitent découvrir les traitements naturels à offrir à leurs chats !

Soins naturels pour mon chat
Françoise Heitz
Éditions Ulmer
128 p.

LITTÉRATURE

Les Chats d'Hemingway

Lindsey Hooper

Laura, brillante universitaire, mène une vie peu épanouissante. Coincée entre sa mère trop envahissante, sa carrière monotone et son fiancé trop pressé de l'épouser, elle décide de tout plaquer pour devenir guide touristique dans la maison historique d'Hemingway, à Key West, en Floride. Là-bas, elle fera la rencontre de personnages aussi déjantés qu'attachants, et notamment de cinquante-six chats, ayant six doigts à chaque patte, ainsi que du séduisant Jake, leur gardien. D'aventures rocambolesques en ouragans dévastateurs, Laura parviendra-t-elle à faire son nid à Key West ? Un feel good pétillant et amusant, inspiré de l'histoire vraie des célèbres chats de la maison d'Hemingway.

Les Chats d'Hemingway
Lindsey Hooper
Éditions Prisma
416 p.

Rroû

Maurice Genevoix

Une fois suffisamment grand pour s'aventurer loin de sa mère, un petit chat, nommé Rroû, part découvrir les rues et la ville. Puis, lorsque la vieille Clémence, qui l'a adopté, l'emmène en campagne le temps d'un été, c'est une véritable révélation. Il y découvre la nature, la chasse, la liberté, l'espace infini... Plus jamais il ne voudra retrouver les espaces clos des jardins de la ville. Cette histoire en apparence si simple d'un jeune chat noir qui découvre la vie est sublimée par la plume subtile et très poétique de son auteur. *Rroû*, c'est un récit poignant, une ode sincère à la liberté du chat. Un roman d'apprentissage tendre et émouvant pour tous les amoureux des chats.

Rroû
Maurice Genevoix
Éditions de la Table Ronde
304 p.

L'avis de Fuji — Babelio

Maurice Genevoix déploie un style flamboyant étayé par un vocabulaire riche, d'une justesse et d'une poésie à nul autre pareil. Nous suivons au fil des saisons la découverte de la vie par ce chat noir qui, par sa vitalité, son audace, son courage, nous donne une belle leçon à méditer. Je n'ai jamais lu de plus bel hommage à nos compagnons félins.

LES 8 BONHEURS
DU CHAT

Solène Chavanne,
fondatrice de la première « ronron librairie »

Mon Chat Pitre

Vous le savez bien, lecteurs de miaou : les chats apparaissent en tête des pages les plus consultées des moteurs de recherche et sont les animaux préférés des Français. On en dénombre pas moins de quatorze millions en France. Les bars à chats fleurissent un peu partout et connaissent un grand succès. Mais une librairie accueillant des chats, cela n'existait pas, et Solène Chavanne a lancé la première « ronron librairie », en cohésion parfaite avec notre… « ronron revue » !

« Je me suis levée un matin avec cette évidence, j'ai dit à mon ex-mari : " Il faut faire un espace de lecture avec des chats ! ", car cela n'existait pas. »

Solène Chavanne

L'idée a mûri tranquillement pendant deux ans. Après le premier confinement, Solène et son ex-mari ont quitté Paris pour vivre à Aix-en-Provence. Ils avaient décidé de se séparer, mais se sont associés pour ce merveilleux projet.

Aix est la ville des librairies thématiques, et de plus, les Aixois sont engagés, et de manière intelligente, pour la cause animale en général et les félins en particulier. Il y a un excellent refuge, et la politique de stérilisation est formidable. C'était la combinaison gagnante.

Solène a trouvé un local, un véritable coup de foudre. Avec son ex-mari, ils ont fait refaire la déco et, la librairie n'étant pas leur métier, ils ont engagé deux super libraires. Enfin, en juin 2021, ils ont lancé la première « ronron librairie » : 130 mètres carrés de paradis pour les chats et les amoureux des chats.

C'est une « ronron librairie », alliant la sérénité de la lecture aux bienfaits de la ronronthérapie, avec une promesse : dans cette librairie généraliste proposant 12 000 livres, un ouvrage sur trois fait référence aux chats.

À l'époque où les écrans remplacent de plus en plus les autres loisirs, Mon Chat Pitre est une invitation à la lecture. La présence des chats et les vertus apaisantes de leur ronronnement sont également une belle parade à la concurrence croissante des livres achetés sur Internet et des eBooks.

La présence des chats est extraordinaire ! Les libraires ne mettent aucune pression : une petite fille lit sa main sur la patte du chat, une dame s'endort... Les visiteurs sortent de la librairie en disant à Solène : « Quel bien-être ! » tout le monde peut ressentir le pouvoir du chat, il donne à chacun l'impression d'être unique. Aujourd'hui, Solène souhaite développer son concept en France et projette l'ouverture de franchises...

Solène a sillonné tous les refuges et toutes les associations pour trouver les chats de sa librairie. Ces chats de refuge ont une belle revanche à prendre sur la vie ! Elle beaucoup échangé avec les personnes qui y travaillent, car elle cherchait des perles, des chats avec une véritable personnalité. Les animaux ne sont pas à adopter, car Solène l'a déjà fait.

Trois critères devaient être remplis, les chats devaient :

- Être heureux même s'ils ne pouvaient pas sortir.
- Être sociables avec les autres chats.
- Être très pots de colle, car ils sont sollicités toute la journée.

Chaque chat adopté a un vécu incroyable, et... un parrain extraordinaire !

La petite **Plume** est parrainée par Faustine Bollaert. Son histoire ? Elle a été sortie de la rue par l'association Les Amis de Sam. Elle a eu des petits qui n'ont pas survécu, puis a été stérilisée et est devenue la petite mascotte de la librairie.

Le chat **Tam** est parrainé par Maxime Chattam. Son histoire est tragique : ses maîtres se sont séparés et l'ont abandonné dans une cage sur un parking, en plein soleil, sans eau et sans nourriture. Il a été découvert puis recueilli par la SPA de Salon-de-Provence. Le pelage de Tam était tellement plein de nœuds qu'il a dû être tondu. Il

est maintenant devenu sublime. Il reste souvent couché près de la caisse. C'est un vrai pot de colle, qui ne veut que des câlins.

Bernard a été abandonné par sa maîtresse qui n'en voulait plus. Solène est allée le chercher à Paris dans une association, La Maison des animaux. « Quand je suis arrivée au refuge, il s'est accroché à mon cou comme un bébé. » C'est un chat très câlin, parrainé par Bernard Werber.

La petite **Féfé** a passé plusieurs années au refuge de la SPA des Baux-de-Provence. Elle a été adoptée trois fois, mais ramenée à chaque fois au refuge. Elle a de beaux yeux bleus comme sa marraine Andréa Ferréol et adore les câlins.

Sherlock, parrainé par Philippe Geluck, est un petit chat gris adopté à la SPA d'Aix-en-Provence, qui aime monter sur le dos des clients et se coucher dans leur cou.

Garfield, un chat roux, est parrainé par Jarry.

« Je n'allais pas bien avec ma fille, nous sommes reparties heureuses de la librairie. »

Une visiteuse de la librairie

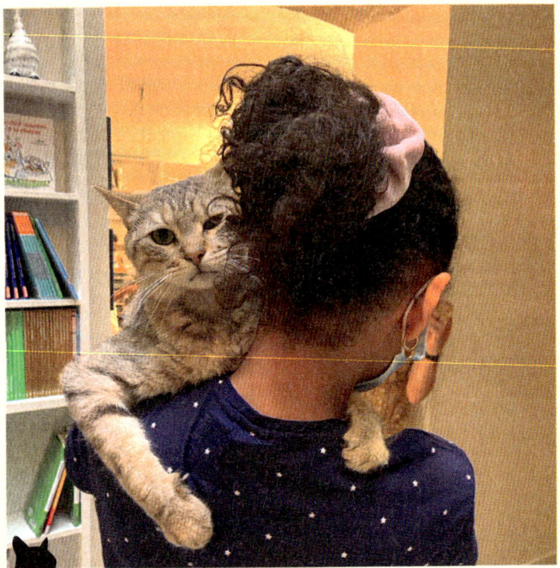

Le lieu

Situé en plein cœur d'Aix-en-Provence, Mon Chat Pitre est la première librairie thématique sur les chats, avec la présence de vrais minets provenant de refuges. Un endroit « chat-l'heureux » où des matous déambulent en totale liberté, somnolent, se frottent à vous… Un endroit pour petits et grands, où l'on vient s'informer, lire, se cultiver, écrire et rêver en toute sérénité. Différents espaces ont été créés :

- Un coin cosy pour les enfants, « Chat perché »,
- Un coin lecture pour les adultes,
- En projet, un espace dédié au coworking, le « catworking », qui offrira calme et concentration,
- Un coin « à chats » avec des produits dérivés originaux autour du félin.
- Et bien sûr des espaces adaptés aux chats pour qu'ils puissent s'isoler librement, selon leurs besoins.

Le Chat Pitre
13, rue de Montigny
13100 Aix-en-Provence

Le Prix du Roman miaou 2022 est présidé par Solène Chavanne !

PRIX du ROMAN miaou

Solène Chavanne est la marraine de notre prochain concours du meilleur roman miaou 2022. Pour cette troisième édition, après *Félins pour l'autre* et *La Souplesse du chat*, le Prix du Roman miaou décernera sa prochaine récompense à un nouveau participant qui a choisi le chat comme l'un des personnages principaux de son roman. Le meilleur texte est présélectionné par le comité de lecture **Nouveaux Auteurs** des Éditions Prisma, puis approuvé par Solène Chavanne.
www.lesnouveauxauteurs.com

Courrier des lecteurs

miaou vous donne la parole !
Ces colonnes sont à vous, pour y partager avec la communauté miaou vos coups de cœur et vos belles histoires d'amour félines.

Lutine et Églantine

Bonjour,
Je m'appelle Lutine. J'ai un très mauvais caractère, il faut le dire. Je suis tricolore et sans race. Quand j'avais un an, j'ai été abandonnée sur un trottoir de Normandie et des gens m'ont recueillie. Dans ma nouvelle maison, il y avait déjà deux chattes: Microbe et Didot. Mais il y avait aussi deux enfants ; c'est moi sur la photo, avec la poupée de l'un d'entre eux, sur le canapé du salon. Je suivais les bambins jusqu'à l'école. À 11 ans, c'est sur l'étagère d'un placard que j'ai mis bas cinq chatons: Barbouille, Tamino, Blanchette, Lutinette et Pompon. Mes maîtres n'ont gardé que Barbouille, ils ont donné les autres. C'est moi en pire ! Elle souffle sans raison, miaule tout le temps et ne sait pas ce qu'elle veut.
Quatre ans plus tard, nous avons déménagé à la campagne. Là, Didot et Microbe ont malheureusement quitté ce monde, Microbe parce qu'elle avait atteint l'âge canonique de 20 ans et Didot, parce qu'elle ne savait pas traverser la route. Deux jeunes campagnards ont alors débarqué: Titus et Nina. Ils volaient dans nos gamelles ! Nina fait son petit ange, mais elle peut être fourbe, Titus est frimeur, chapardeur, impertinent… et diablement mignon, je dois l'avouer ! J'espère que mon histoire vous aura plu !
Lutine et Églantine (13 ans)

Éloise, Rio et Ruby

Bonjour,

Je m'appelle Éloïse et j'ai 12 ans. À la maison on adore les chats, on a toujours eu des Sacrés de Birmanie. Cela fait trois générations que l'on en a ! Quand j'étais petite, mon premier chat a été Candy, une femelle qui a vécu onze ans. Notre deuxième chatte s'appellerait Osiris, son histoire est triste: elle sortait souvent, et malheureusement, à 2 ans seulement, elle est partie et n'est jamais revenue. J'étais très triste. La maison était tellement vide sans chat ! Alors finalement, quelques mois plus tard, on a acheté deux chatons. Mon chat s'appelle Rio et la chatte de mon frère est Ruby. Je les adore tous les deux, ils sont trop mignons et trop drôles quand ils jouent ensemble ! Voilà l'histoire de mes chats, j'espère qu'elle vous plaira et, que vous la publiez ou non, j'attends impatiemment le prochain numéro de **miaou** !

Ronrons de la part de Rio et Ruby !

Delphine et Ginette

Bonjour,

Je me présente : Ginette ou Dame Ginette pour les connaisseurs. Voilà trois semaines déjà que ma vie a changé. On m'a recueillie dans une maison abandonnée avec tous mes bébés et après avoir été remise en forme, deux humains ont craqué sur ma petite frimousse. Ils disent que je suis originale avec ma tête noire, mes yeux en amande et mes pattes de couleurs différentes, je crois bien que je fais craquer tout le monde. En tout cas, je les ai adoptés tout de suite, j'ai fait ma vie dès les premières minutes dans ma nouvelle maison, pas de temps d'adaptation nécessaire, vite le dodo au chaud avec eux. J'ai découvert que mes humains sont abonnés à une super revue sur les chats et qu'ils fabriquent des jouets à la cataire, j'ai trop de chance ! Ils m'ont offert une nouvelle vie du haut de mes 3 ans et avec le sourire qu'ils ont tous les jours en me voyant, je crois que c'est réciproque. Les chats apportent beaucoup aux humains, en retour de la seconde chance que l'on nous donne :) J'espère que ce petit message sera retenu dans un prochain numéro de **miaou**, en remerciement pour tous les humains qui nous donnent une seconde vie :)

miaou & vous

Vos matous préférés prennent la pose avec...
votre revue préférée bien sûr 🐱 ! Merci pour vos participations,
voici une petite sélection des photos reçues. On vous chaaaadore !

Bella

Floconette

Haïku

Maya

Blu

Mia

Salem

Minouch

Bourik

Vous pouvez nous envoyer vos plus belles histoires et photos sur miaoularevue@gmail.com
et/ou les partager sur facebook et instagram @miaoularevue.

Dans le prochain numéro de miaou*

N°20 parution le 29 juin 2022

POUR L'ÉTÉ, une nouvelle formule arrive !

Comment rendre mon chat heureux en vacances ?

- Aborder un été serein grâce aux conseils de notre Docteur Miaou
- Entretien avec le professeur Patrick Pageat, spécialiste de la communication animale
- Enquête autour des modes de garde de nos chats pour les vacances
- À la rencontre d'une famille d'accueil SPA pour petit chaton abandonné

En cadeau :

Des fiches mémo santé à collectionner et des petits cadeaux papiers à découvrir !

* Sous réserve que nos amis les chats ne nous fassent pas changer nos plans pour d'autres sujets encore plus miaou !

Abonnez-vous à **miaou** et ronronnez de bonheur !

Offre exceptionnelle **Près de 10 % de réduction****

Bon d'abonnement

À renvoyer sous enveloppe affranchie à Miaou - Service abonnements - 62066 ARRAS Cedex 9

1. Je choisis ma formule d'abonnement :

☐ **OFFRE SANS ENGAGEMENT (1) :**
6 numéros par an

Offre + souple + simple

8,50 € par numéro au lieu de ~~9,90 €~~

Je ne paie rien aujourd'hui. Je recevrai l'autorisation de prélèvement par courrier, après réception du bon d'abonnement complété.

- Payez par petites mensualités
- Arrêtez votre abonnement quand vous le voulez

☐ **OFFRE ANNUELLE (2) :**
1 an - 6 numéros

55,90 € au lieu de ~~59,94 €~~

Je choisis mon mode de souscription ci-dessous

Quelle que soit la formule choisie, je bénéficie de près de 10 % de réduction et les frais de port sont offerts !

2. Je choisis mon mode de souscription :

5 % de réduction supplémentaire en vous abonnant en ligne

En ligne sur prismashop.fr : + simple + rapide + sécurisé

VISA · PayPal · CB

1. Rendez-vous directement sur le site **www.prismashop.fr**
2. Je clique sur « Clé Prismashop » en haut à droite de la page d'accueil — **Clé Prismashop**
3. Je saisis ma clé Prismashop ci-contre :

CLÉ PRISMASHOP
Commandez en reportant ci-dessous le code qui figure sur votre coupon ou magazine.
clé prismashop :
MIAOU19A — Je valide

Les garanties de Prismashop : Paiement sécurisé · Je gère mon abonnement · Je choisis la date de début de mon abonnement · Livraison offerte · Satisfait ou remboursé

Par téléphone 0 826 963 964 Service 0,20 € / min + prix appel

Par courrier en complétant les informations ci-dessous

Pour l'Offre Annuelle, je joins mon chèque à l'ordre de Miaou.

Mes coordonnées* ☐ Mme ☐ M.

Nom ____________________ Prénom ____________________

Adresse ____

CP __________ Ville ____________________

L'abonnement ne porte que sur les numéros standards à parution bimestrielle de miaou et ne concerne pas les offres commerciales et les numéros spéciaux.

*Informations obligatoires, à défaut votre abonnement ne pourra être mis en place. **Par rapport au prix de vente au numéro. (1) Offre à Durée indéterminée : Je peux résilier cet abonnement à tout moment par appel ou par courrier au service client (voir CGV du site prismashop.fr, les prélèvements seront aussitôt arrêtés. Le prix de l'abonnement est susceptible d'augmenter à date anniversaire. Vous en serez bien sûr informé préalablement par écrit et aurez la possibilité de résilier cet abonnement à tout moment. (2) Offre à Durée déterminée : Engagement pour une durée ferme après enregistrement de mon règlement. Photos non contractuelles. Offre réservée aux nouveaux abonnés de France métropolitaine. Délai de livraison du 1er numéro : 8 semaines environ après enregistrement du règlement, dans la limite des stocks disponibles. Les informations recueillies font l'objet d'un traitement informatique par le Groupe Prisma Media à des fins d'abonnement à nos services de presse, de fidélisation et de prospection commerciale. Conformément à la loi informatique et libertés du 6 janvier 1978 modifiée, vous disposez à tout moment d'un droit d'accès, de rectification, d'effacement, de limitation du traitement, de portabilité des données qui vous concernent, ainsi qu'un droit d'opposition au traitement pour des motifs légitimes, en écrivant au Data Protection Officer du Groupe Prisma Média au 13 rue Henri Barbusse 92230 Gennevilliers ou par email à dpo@prismamedia.com. Dans le cadre de la gestion de votre abonnement ou si vous avez accepté la transmission de vos données à des partenaires du Groupe Prisma Media, vos données sont susceptibles d'être transférées hors de l'Union européenne. Ces transferts sont encadrés conformément à la réglementation en vigueur, par le mécanisme de certification Privacy Shield ou par la signature de Clauses contractuelles types de la Commission européenne.

Prolongez l'expérience miaou

19€95

Flowers Party

Pour les amoureux du papier et des loisirs créatifs !

Avec Flowers party, l'été sera «flowish» et joyeux ! Slow life, inventivité, plaisir... prenez le temps d'être créatifs !
LE livre d'inspiration rêvé pour toutes celles qui aiment le papier et les loisirs créatifs !

Editions Prisma - 21 x 26 cm - 180 pages

16€95

Escape Game Chats

Vivez des aventures inédites !

Cette boîte contient trois enquêtes inédites pour tous les amateurs de chats, mais pas que... Déconnectées les unes des autres, elles se résolvent en 45 minutes chacune.

Editions Prisma - 20 x 25 x 5 cm - 120 cartes + 1 livret - 2 à 8 joueurs

19€95
~~22€95~~

14€95
~~19€95~~

Coffret Reliure & 2 boîtes de cartes miaou

Tirage limité !

Découvrez-vite le coffret reliure qui vous permettra de ranger 4 numéros ainsi que ces 2 adorables boîtes qui vous permettront de conserver toutes vos cartes détachables à collectionner ainsi que les petits carnets tirés de votre revue préférée.

Reliures : 22 x 27 x 7 cm
Boîtes de cartes : 10,5 x 15,5 x 3 cm

L'astrologie de mon chat pour mieux nous comprendre

miaou & moi

Inoffensive, tolérante et pacifiste, l'astrologie vit un retour en force. Elle offre une alternative, quelque chose qui permet de décrypter sa vie et ses relations dans une époque incertaine. Il en est de même pour nos relations avec les chats : ce guide astrologique permet de mieux choisir, comprendre, pour l'aimer encore mieux, sinon davantage.

Editions Prisma - Format : 14,5 x 21 cm - Pages : 224

13€95

Crédits photographiques

Les ayants droit que nous n'aurions pas retrouvés malgré nos efforts sont invités à se manifester par courriel : miaoularevue@gmail.com.

Photographie de couverture : © OlgaBartashevich/ Shutterstock.

Quatrième de couverture : © Shutterstock.

Illustrations et photographies de l'intérieur : © Shutterstock, sauf :
p. 6-7 (sommaire) : photo de Jenny © Jenny tous droits réservés, *Roû* © Olivier Toussaint tous droits réservés, Artychat © Laszlo Tibay tous droits réservés, Belle Plume © Joann Sfar/ Dargaud tous droits réservés, Entretien coup de cœur © Lola Ledoux tous droits réservés, Miaou & vous © propriété du lecteur à l'origine de la photo tous droits réservés ; p. 12 à 19 : © Jenny tous droits réservés ; p. 20 : à gauche : © Nicolas Stoufflet tous droits réservés, à droite : photo de Loïc Dombreval © Assemblée nationale - 2022 tous droits réservés ; p. 64 : © Royal Canin tous droits réservés ; p. 84 et 87 : Raoul Gilibert tous droits réservés ; p. 86 et 88 à 95 : © Olivier Toussaint tous droits réservés ; p. 102, 107 à 109 : © Sophie Forte tous droits réservés ; p. 110-118 : © Laszlo Tibay tous droits réservés ; p. 120-125 : © Joann Sfar/ Dargaud tous droits réservés ; p. 128-131 : les couvertures des livres sont tous droits réservés ; p. 132 : © Lola Ledoux tous droits réservés ; p. 134 : © Mon Chat Pitre tous droits réservés ; p. 135 : de haut en bas : © Lola Ledoux tous droits réservés, © Lola Ledoux tous droits réservés, © Mon Chat Pitre tous droits réservés ; p. 136 : © Mon Chat Pitre tous droits réservés ; p. 137 : de haut en bas : © Lola Ledoux tous droits réservés, © Mon Chat Pitre tous droits réservés, © Lola Ledoux tous droits réservés ; p. 138-139 : toutes les photos sont la propriété des lecteurs cités dans le sujet et sont tous droits réservés.

« Une maison sans chat,
sans chat bien nourri [...],
est peut-être une bonne
maison, mais comment
peut-elle le prouver ? »

Mark Twain

La revue miaou est éditée par le groupe

PRISMA MEDIA

13, rue Henri Barbusse
92624 Gennevilliers Cedex
Tél.: 01 73 05 45 45 – Fax: 01 47 92 65 85
Site Internet: www.prismamedia.com – Contact: contact@editions-prisma.com
Éditeur: Prisma Media Société par Actions Simplifiée au capital de 3 000 000 euros
d'une durée de 99 ans ayant pour Présidente Claire Léost.
Son associé unique est Société d'Investissements et de Gestion 123 - SIG 123 SAS.
La directrice de publication est Claire Léost.

Pour joindre votre correspondant, composez le 01 73 05 suivi des chiffres entre parenthèses.

CONCEPTION ET DIRECTION ÉDITORIALE

EDITIONS PRISMA

Directeur Pierre-Olivier Bonfillon
Directrice éditoriale adjointe Laura Stioui
Responsable éditoriale Florence Gazel de Rochegonde
Assistante d'édition Louise Dupuich
Responsable de fabrication Stéphane Roussiès
Chef de fabrication Mélanie Moitié
Photogravure Jeanne Mercadante

RECHERCHE ICONOGRAPHIQUE
Emmanuelle Audebrand, Marina Delranc, Isabelle Collin, Louise Dupuich et Florence Gazel de Rochegonde

RÉDACTION
Édito, Actus chiffres, Actus chats, Dossier, Quelles races, Enquête, Cattitudes, Chats du monde, Bien dans mes poils, Artychat, Interviews de Jenny, Guillaume Maidatchevsky, Muriel Bec, Capucine Sainson-Fabresse Isabelle Collin
Le podCat Nicolas Stoufflet
Actus livres Louise Dupuich
Deux belles histoires, Interview de Solène Chavanne Laura Stioui

ÉDITRICE DÉLÉGUÉE, CORRECTION ET RÉÉCRITURE
Isabelle Collin

CRÉATION GRAPHIQUE
Direction artistique déléguée
marguerite.coop (Emmanuelle Audebrand et Marina Delranc)

COMMUNICATION ET PARTENARIATS MARKETING
Directrice Business Development Paula Arque
Responsable Business Development Camille Boutron
Chef de produit Camille Béquet (49 74)
Community managers Camille Béquet assistée de Asma Mohamed Abdalla

RELATIONS MÉDIAS
Chef des relations médias Jacqueline Grego (56 37)

COMMERCIALISATION MARCHANDS DE JOURNAUX ET RAYONS PRESSE
Directeur des ventes Bruno Recurt (56 76) **Secrétariat** (56 74)

COMMERCIALISATION LIBRAIRIE et PARTENARIATS COMMERCIAUX
Diffusion Sofedis
Directrice commerciale/Partenariats commerciaux Isabelle Bruchet (56 11)
B to B Miaou / publicité Axelle Jacquinet (65 91), Mathilde Giron (47 58), Louise Mazoué (48 83)
Chargée commerciale publicité Sandrine Lenoir (50 35)

ABONNEMENT À MIAOU
Directeur du Business Abonnement Laurent Grolée (60 25)
Prix 1 an (6 numéros): 59,94 €.
Service abonnements: Miaou, 62066, Arras Cedex 9.

MIX
Paper from responsible sources
FSC www.fsc.org FSC® C014075

Remerciements

Celles et ceux qui ont participé à ce numéro, entre autres par ordre alphabétique :
Sophie Bataille, Muriel Bec, Solène Chavanne, Sylvaine Cortada, Isabelle Demailly, Loïc Dombreval, Jenny et la fondation Brigitte Bardot, Sophie Forte, Charlotte Greff, Sarah Frebourg, Lara Lopes, Guillaume Maidatchevsky, Claire Marion, Lisa Marion, Capucine Sainson-Fabresse, Joann Sfar, Marie Moral, Nicolas Stoufflet, Guillaume Tesseire et Babelio, Laszlo Tibay et toutes nos lectrices et tous nos lecteurs pour leurs courriers qui nous font chaud au cœur.

Imprimé en Italie par d'Auria Printing, Via Zona Industriale, Sant'Egidio Alla Vibrata, Te 64016, Italie
Provenance du papier: Italie - Taux de fibres recyclées: 0 % - Eutrophisation: Ptot 0,026 Kg/To de papier

miaou n° 19, parution bimestrielle. miaou est une marque déposée. Dépôt légal : mai 2022. Création : mars 2018.
ISSN : 2646-5027. CPPAP : 0425 K 93639
ISBN : 978-2-8104-3666-8

FR